青春文庫

1秒で刺さる
ことわざ・慣用句・四字熟語

話題の達人倶楽部［編］

青春出版社

はじめに

慣用句やことわざなど、いわゆる「成句」は日本語の面白さの宝庫。日本語の醍醐味を堪能できる言葉に溢れています。もちろん、きちんと使いこなせば、会話でも文章でも表現力がアップすること間違いなしです。

ただ、そうした言葉は、同時に日本語の〝最危険地帯〟でもあります。読み方や使い方に約束事があるだけに、誤って使うと、とんだ赤恥をかくことになりかねません。私たちの見るところ、その誤用パターンは、次の4つに分かれるようです。

第一は、もちろん「読み方」を間違えるパターン。慣用句などは、読み方が約束事として決まっているので、〝誤読事件〟が頻発するのです。ここで、少しばかりクイズを出題してみましょう。以下は、「同じ漢字」を含む慣用句を二つセットにしたものです。あなたは、正確に読み分けられるでしょうか？

1　「真に受ける」と「真に迫る」

2　「根を詰める」と「根を下ろす」

3　「音を上げる」と「音に聞く」
4　「頭を回らす」と「頭が高い」

正解は、1は前者は「ま」、後者は「しん」。2は前者は「こん」、後者は「ね」。3は、前者は「ね」、後者は「おと」。4は前者は「こうべ」、後者は「ず」。あなたは、4の「頭が高い」を「あたまが高い」と読んだりはしなかったでしょうか?

次いで、第二の間違いパターンは、「書き方」を誤るケース。最近は、スマホやパソコンで変換することが多いので、「書くのは大丈夫」と思っていても、成句には思わぬ落とし穴がひそんでいます。長い言葉が多いだけに、分けて打ったりすると、「濡れ手で泡」や「多岐茫洋」と誤変換されるケースが多いのです。むろん、ともにNG。正しく変換するのにも、正確な知識が必要です。

第三の危険ポイントは、「部分的に間違えるパターン」。成句には似通った言葉が多いため、つい混同して一部分を間違えるケースが多いのです。たとえば「物議を醸し出す」は、Twitterやブログでもよく見かける誤用。物議は「醸し出す」ものではなく、単に「醸す」もの。「雰囲気を醸し出す」といった言葉と混用したものでしょう。

そして、最後の危険ポイントは、意味をめぐる誤用です。例をあげると、「流れに棹さす」は時流に逆らうという意味ではなく、「時流に乗る」という意味で使うのが正解。「君子は豹変する」は、正しくは「君子は過ちをすぐに改める」というポジティブな意味なので、悪い方向への変化の形容に使うと、間違いになってしまいます。

というように、この本には〝危険ポイント〟を含む言葉を中心に、大人なら知っておきたい慣用句、ことわざ、四字熟語などを網羅しました。

もちろん、それらの語句は、日本語の奥深さを存分に味わえる言葉でもあります。現代なお使い続けられている慣用句やことわざは、歴史の風雪に耐え、今日まで伝わる魅力と生命力を備えた言葉ばかり。そうした言葉のルーツをたどり、由来を知れば、言葉の面白さをいっそう深く楽しめることは間違いありません。しかも、成句には、古人の知恵や人生の教訓がコンパクトに盛り込まれています。それらの意味や背景を理解することは、大人の知恵や教養を身につける一番の近道といえるでしょう。

というように、大人の日本語をさまざまな方向から紹介したこの本で、ワンランク上の1秒で相手に〝刺さる〟日本語を使いこなしていただければ幸いに存じます。

２０１９年11月

話題の達人倶楽部

第1章　大人なら読めて当然、使えて当然の慣用句です　19

目　次

第2章 〝お決まり表現〟を知れば、日常会話がもっと楽しく変わります

第4章

ひとつ上の表現力を自分のものにするための慣用句です

第５章
日本人なら知っておきたい「ことわざ」だけ集めました……211

DTP■フジマックオフィス

第1章

大人なら読めて当然、使えて当然の慣用句です

◎読み間違えてはいけない基本の慣用句

□**身を粉にする**

□**徒となる**

□**性に合う**

□**高をくくる**

〔**みをこにする**〕　一生懸命に働くこと。身を粉にして働くなど。この「粉」を「こな」と読まないように。

〔**あだとなる**〕　無駄になること。なお、咲いても実がならない花のことを「徒花」という。

〔**しょうにあう**〕　性格や好みが合うこと。この「性」を「せい」と読まないように。

〔**たかをくくる**〕　だいたいそんな程度だろう、と見くびる

□真に受ける

□真に迫る

□分が悪い

□音を上げる

こと。この「高」というのは収穫高のことで、数量という意味である。

〔まにうける〕　本当にそうだと思うこと。この「真」を「しん」と読まないように。

〔しんにせまる〕　たいへんリアルにみえること。前項とは逆で、「真」を「ま」と読んではダメ。

〔ぶがわるい〕　自分にとって形勢がよくない状態。この「分」を「ふん」や「ぶん」と読まないように。

〔ねをあげる〕　困り果て、意気地のない言葉をはくこと。この「音」を「おと」と読まないように。

□野に下る

□根を詰める

□肝が据わる

□外連味がない

□罰が当たる

〔やにくだる〕　官職をやめて、民間人になること。この「野」を「の」と読まないように。

〔こんをつめる〕　休みもとらずに働き続けるという意味。この「根」を「ね」と読まないように。

〔きもがすわる〕　少々のことには動じない堂々とした態度を表す。

〔けれんみがない〕　はったりやごまかしがないという意。「外連《けれん》」は、歌舞伎の演出用語。

〔ばちがあたる〕　神や仏から報いを受けること。この「罰」を「ばつ」と読まないように。

□粋を集める

〔すいをあつめる〕　すぐれたものを集めるという意味。この「粋」を「いき」と読まないように。

◎いつでも使えるようにしておきたいことば

□端を発する

〔たんをはっする〕　ある物事のきっかけになって始まるという意味。「〇〇に端を発する戦い」など。

□虚をつく

〔きょをつく〕　相手のスキにつけこんで攻めること。「嘘《うそ》をつく」と見間違えないように。

□縁も縁もない

〔えんもゆかりもない〕　まったくつながりがないという意味。最初の「縁」は「えん」、二つめは「ゆかり」と読む。

□験をかつぐ

□頭が高い

□襟を正す

□なす術がない

□腑に落ちない

〔げんをかつぐ〕　縁起をかつぐこと。この「験」を「けん」と読まないように。

〔ずがたかい〕　目上の人に対する横柄な態度。「あたまが高い」と読まないように。

〔えりをただす〕　気を引き締めるという意味。服の襟を整え、服装をただしたことから。

〔なすすべがない〕　どうしようもなく困り果てている状態。「術《すべ》」は手段や方法。この場合は「じゅつ」と読まないように。

〔ふにおちない〕　納得がいかない、しっくりしないこと。

「腑」ははらわたのこと。

□**曲がない**

〔**きょくがない**〕　型どおりで面白みがなく、つまらないという意。あわてて「曲がらない」と見間違えないように。

□**相好を崩す**

〔**そうごうをくずす**〕　うれしさから、顔をにここさせること。「相好」は顔かたちのことで、仏の姿の特長を「三十二相八十種好《ごう》」ということに由来する。

◎どんなときでも使えるようにしておきたいことば

□**目の当たりにする**

〔**まのあたりにする**〕　目の前で直接見ること。「めのあたり」と読まないように。

□前車の轍を踏む

□言質を取る

□衣鉢を継ぐ

□逆捩じを食わす

□天に唾する

〔ぜんしゃのてつをふむ〕　前の人の失敗を繰り返すこと。「轍」は車輪の跡。前の車が通った轍を後の車も通る様子から。

〔げんちをとる〕　証拠となる言葉を得ること。「げんしち」と読まないように。

〔いはつをつぐ〕　その道の奥義《おうぎ》を師から受け継ぐこと、先人の業績などを受け継ぐこと。「いはち」と読んではダメ。

〔さかねじをくわす〕　非難や攻撃を加えてきた相手に対して、逆襲すること。

〔てんにつばする〕　人に害を与えようとしたことが、自分の身にふりかかること。仰いで唾を吐くと、自分の顔にかかってしまうことから。なお、「天に唾す」と書くと、「つばきす」と読む。

□管を巻く

〔**くだをまく**〕　酔っぱらって、つまらないことをくどくど言うこと。糸車の管がぶうぶうと音を立てたことから。

□舟を漕ぐ

〔**ふねをこぐ**〕　居眠りすること。居眠りすると、舟を漕ぐときのように体が揺れることから。

□狼煙を上げる

〔**のろしをあげる**〕　大きな行動のきっかけとなる動きを始めること。「狼煙」は合図として使う煙。

□節を曲げる

〔**せつをまげる**〕　自分の意志を貫き通さず、人の意見に従うこと。「節」は節操や信念のこと。

□搦め手から攻める

□梯子を外される

□辻褄が合わない

□水泡に帰する

〔からめてからせめる〕　正攻法ではなく、相手の弱点や予期していない場所を攻撃すること。「搦め手」は城の裏門のこと。

〔はしごをはずされる〕　途中で仲間が態度を変え、孤立すること。梯子を外され、降りられなくなった状態にたとえた言葉。

〔つじつまがあわない〕　物事の道理が合わないこと。「辻」は糸の縫い目が十字に交差する場所、「褄」は着物の裾が合う場所のこと。

〔すいほうにきする〕　これまでの努力が水の泡になること。水の泡のように消えてしまうという意味。

◎覚えていないと恥ずかしい慣用句

□灰塵に帰す
〔かいじんにきす〕　すべてが燃え落ちて、跡形もなくなること。「灰塵」は灰と燃え殻のこと。

□地金が出る
〔じがねがでる〕　本性が出ること。「地金」はメッキを施す前の金属。

□物議を醸す
〔ぶつぎをかもす〕　言動や出来事によって、世間の議論を引き起こすこと。「物議を醸し出す」は誤用。

□裃を脱ぐ
〔かみしもをぬぐ〕　格式ばらず、気楽に打ち解けること。

□人口に膾炙する

□辛酸を嘗める

□滋味溢れる

□一糸もまとわない

□灰汁が抜ける

昔、侍がくつろいだ場では裃をはずしたことから。

〔じんこうにかいしゃする〕　人々に広く知れ渡ること。「膾炙」は膾《なます》と炙った肉で、「多くの人に好まれる」という意味。

〔しんさんをなめる〕　たいへん苦しい思いを味わうこと。「辛酸」はつらい思いや苦しみ。

〔じみあふれる〕　味わい深いさま。「滋味」は、物事から感じとれる深い味わいというほどの意味。

〔いっしもまとわない〕　素っ裸のこと。「一糸」は、ごくわずかなことのたとえ。

〔あくがぬける〕　癖のある性格から嫌味が消えること。もとは、野菜などのえぐみや渋みが抜けること。

□毒気に当てられる

〔どっけにあてられる〕　相手の人を食ったような言動に、唖然とし、呆気にとられること。

◎身近なだけに、かえって要注意の日本語

□渋皮が剥ける

〔しぶかわがむける〕　垢抜けてきれいになるという意味。果実などの渋皮が剥けることにたとえた言葉。

□臍で茶を沸かす

〔へそでちゃをわかす〕　呆れるほど、馬鹿馬鹿しいこと。腹をよじって大笑いすると、へそが動くことから。

□甲羅を経る

□溜飲が下がる

□算を乱す

□秋風が立つ

□敷居が高い

□痛痒を感じない

〔こうらをへる〕　年を経て、多くの経験を積むこと。

〔りゅういんがさがる〕　今まで抱いていた不平やわだかまりが一気になくなること。「溜飲」は、げっぷのこと。

〔さんをみだす〕　ちりぢり、ばらばらになること。この「算」は占いに使う算木《さんぎ》のこと。

〔あきかぜがたつ〕　男女の愛情が冷めるという意味。「秋」を「飽き」にかけている。

〔しきいがたかい〕　何か不義理や不面目なことがあって、人の家を訪れにくいこと。

〔つうようをかんじない〕　まったく苦痛を感じないさま。

「痛痒」は痛みと痒《かゆ》みのこと。

□徒や疎かにできない

〔あだやおろそかにできない〕　軽視できない、いい加減にはできないという意。「徒」は無駄、「疎か」はなおざりな様子。

◎確実にモノにしたい大人の日本語

□露払いをする

〔つゆはらいをする〕　人を先導すること。えらい人が登場する前に、何らかの段取りをつけること。

□縷々述べる

〔るるのべる〕　こまごまと話すこと。「縷」は、ようやく見えるほどの細い糸のこと。

□妍を競う

□尾鰭をつける

□沽券にかかわる

□後塵を拝す

□虚空を摑む

〔けんをきそう〕　女性が美を競い合うこと。「妍《けん》」は女性の容貌が美しく整っている様子。

〔おひれをつける〕　話を誇張すること。「おひれ」は魚の尾と鰭で、本体（魚の体）に付け加えられたもののたとえ。

〔こけんにかかわる〕　体面に差し障りがあること。「沽券」は、もとは土地売買などのさい、売り主が買い主に渡す証文のこと。

〔こうじんをはいす〕　人に遅れをとること。「後塵」は馬や車が通ったあとに舞い上がる土ぼこりのこと。

〔こくうをつかむ〕　苦しさのあまり、手を空中に伸ばして、何かを摑もうとする様子。「虚空」とは何も存在しない空間

□干戈を交える

□軌を一にする

□肝胆相照らす

□一頭地を抜く

のこと。

〔かんかをまじえる〕　戦うこと。「干」はたて、「戈」はほこで、それを交える→戦うという意味。

〔きをいつにする〕　物事の方法、たどる道筋が同じであること。「彼の計画は全社の方針と軌を一にするものだった」など。

〔かんたんあいてらす〕　心を打ち明けて友と交わること。「肝胆」は肝臓と胆嚢《たんのう》で、「心の中」を意味する。

〔いっとうちをぬく〕　他よりも優れていること。頭の高さ分だけ、他から抜きん出るという意味。

◎一目おかれる大人の日本語

□天秤にかける

□馬齢を重ねる

□大鉈を振るう

〈てんびんにかける〉 二つから選択するにあたって、優劣や損得を比べること。

〈ばれいをかさねる〉 自分の年齢を謙遜して言う言葉。「家畜の馬のように、無駄に年を重ねた」という意味。

〈おおなたをふるう〉 状況を一変させるような思いきった処理をすること。「鉈」は、薪を切るときなどに使う大型の刃物。

□虫が知らせる

□鳴りを潜める

□箍が外れる

□流れに棹さす

□鎬を削る

〔むしがしらせる〕　胸騒ぎがして、よくないことが起きそうな予感がすること。

〔なりをひそめる〕　表立った行動をやめること。「最近、財務省が鳴りを潜めている」など。

〔たががはずれる〕　羽目をはずし、大騒ぎになる様子。「箍《たが》」は、桶や樽の外側にはめ、締め固める輪。

〔ながれにさおさす〕　時流に乗って、さらに勢いづくこと。「時流に抵抗する」という意味で使うのは誤用。

〔しのぎをけずる〕　激しく争うこと。「鎬」は、刀の一部分で、激しく打ち合うと鎬が削りとられることから。

□九死に一生を得る

〔きゅうしにいっしょうをえる〕　命拾いをすること。九死は「九分通りの死」という意味で、九〇％は死んでいたところを助かったという意味。

□螺子を巻く

〔ねじをまく〕　だらけた態度をきちんとさせること。機械を動かせるためにネジを巻くことから。

□火に油を注ぐ

〔ひにあぶらをそそぐ〕　余計な手出しや口出しをして、収拾がつかなくなることのたとえ。火に油を注ぐと、より激しく燃え盛ることから。

□錦を飾る

〔にしきをかざる〕　出世して故郷に帰ること。「錦」は、色糸で華麗な模様を織り出した織物の総称。

□固唾を呑む

〔かたずをのむ〕　事の成り行きをじっと見守ること。「固唾」は緊張したときに、口の中にたまる唾液。

□児戯に等しい

〔じぎにひとしい〕 たわいもないこと。価値のないこと。「子供の遊びも同然」という意味。

□髣髴とさせる

〔ほうふつとさせる〕 ありありと思い浮かぶさま。「往時を髣髴とさせる出来事」など。

◎どんな態度？　どんな評価？

□勿体を付ける

〔もったいをつける〕 ことさらに重々しい態度で振る舞うこと。「勿体」は「物の本体」という意味から、重々しいという意になった。

□脂下がる

□膠もない

□盗っ人猛々しい

□科をつくる

□木で鼻を括る

〔やにさがる〕　得意気になってニヤニヤする様子。煙管《きせる》の雁首を上げ、脂が吸い口の方へ下がるようにふかす姿が気取って見えたことから。

〔にべもない〕　愛想がない、そっけないこと。「膠」は粘着力が強いニカワ。そのような粘着力がないことから。

〔ぬすっとたけだけしい〕　悪事をとがめられても、ふてぶてしく居直るさま。「盗っ人猛々しいとはこのことだ」など。

〔しなをつくる〕　男性の気を引くために、女性が色っぽいしぐさをすること。「科」は、愛嬌、媚態という意味。

〔きではなをくくる〕　無愛想で、そっけない態度のこと。

□刀折れ矢尽きる

□剣が峰に立つ

□閑古鳥が鳴く

□有卦に入る

「木で鼻を括るような応対に、腹が立った」など。

〔かたなおれやつきる〕　力尽き、どうしようもない状態。武器を使い果たし、もはや戦う能力を失っているさま。

〔けんがみねにたつ〕　絶体絶命の状態。瀬戸際のこと。剣が峰は本来、火山の噴火口周辺のこと。相撲の土俵の俵という意味もあり、「剣が峰で残す」など。

〔かんこどりがなく〕　人気がなく、うらぶれたありさま。閑古鳥は、カッコウのこと。

〔うけにいる〕　巡り合わせがよく、幸運が続くこと。「有卦」は陰陽道《おんみょうどう》で定めた幸運の年回り。

□**功成り名遂げる**

〔**こうなりなとげる**〕　一つの仕事をなし遂げ、名誉も得ること。「功」は手柄、「名」は名誉や名声。

□**目から鼻へ抜ける**

〔**めからはなへぬける**〕　頭の回転が早く、ものわかりがいいことのたとえ。

□**四海に並ぶもののない**

〔**しかいにならぶもののない**〕　最も優れ、他に比べるものがない人や物のこと。「四海」は国を取り巻く海のことで、天下を意味する。

◎そもそもどんな行動かわかりますか①

□**蹈鞴を踏む**

〔**たたらをふむ**〕　踏みとどまろうとしても、勢い余って数

□お題目を唱える

□因果を含める

□押っ取り刀で駆けつける

□誼みを通じる

歩歩んでしまうこと。ふいごを踏む様子から生まれた語。

〔おだいもくをとなえる〕　内容の伴わない、建前だけの主張のこと。信仰心もないのに、口先でお題目を唱える人にたとえた言葉。

〔いんがをふくめる〕　やむをえない事情を話して、納得させること。「因果」は原因と結果のこと。

〔おっとりがたなでかけつける〕　急いで駆けつけること。「押っ取り刀」は刀を腰に差す暇がなく、手に持ったままの状態。

〔よしみをつうじる〕　親しい関係を持つこと。現在は、便宜を図ってもらおうと、打算的な目的でつきあうという意味

□諸肌を脱ぐ

□事を分ける

□槍玉にあげる

□俎上に載せる

でよく使う。

〔もろはだをぬぐ〕　力を尽くして物事に当たること。「諸肌」は左右両方の肌。なお「片肌を脱ぐ」は、人に力を貸すこと。

〔ことをわける〕　筋道をきちんと立てて説明すること。この「分ける」は「分析する」という意味。

〔やりだまにあげる〕　攻撃や非難の対象として狙い撃ちすること。「槍玉」は、槍を手玉のように自由に扱うという意。

〔そじょうにのせる〕　議論や批評の対象として取り上げること。「俎上」はまな板の上。

◎そもそもどんな行動かわかりますか②

□**後足で砂をかける**

〔あとあしですなをかける〕　自分の去った後の他者への迷惑をかえりみない言動をすること。イヌやネコが糞に後足で砂をかける行動から。なお、「後足」は「あとあし」、「後ろ足」は「うしろあし」と読む。

□**擽りを入れる**

〔くすぐりをいれる〕　言葉の中に笑いの要素を入れること。人の体を触って笑わせる「くすぐる」ことから。

□**清水の舞台から飛び降りる**

〔きよみずのぶたいからとびおりる〕　死んだつもりで思い切ったことをすることのたとえ。昔は願《がん》をかけて、本当に飛び降りる人がいた。

□尻に帆をかける

〔しりにほをかける〕　あわてて逃げ出すこと。追い風が吹くときに帆をあげると、舟がすいすい進むことから。

□額を集める

〔ひたいをあつめる〕　集まって相談すること。額がくっつくほど、近くに集まって話し合うさまから。

□横紙を破る

〔よこがみをやぶる〕　我が強く、自分の意見を押し通そうとする様子。和紙は漉《す》き目が縦で、横方向には破りにくいことから。

□爪の垢を煎じて飲む

〔つめのあかをせんじてのむ〕　すぐれた人に、あやかることのたとえ。目標とする人の爪の垢を薬として飲み、見習おうとすること。

◎そもそもどんな行動かわかりますか③

□屋上屋を架す

□数寄を凝らす

□掣肘を加える

〔おくじょうおくをかす〕　無駄なことをするたとえ。屋根の上に屋根をかけるという意味。

〔すきをこらす〕　風流な工夫をさまざまに施すこと。「数寄」は「風流であること」という意味。

〔せいちゅうをくわえる〕　傍から干渉して、自由に行動させないこと。「掣く」で「ひく」と読み、「掣肘」は「肘を引っ張る」という意味。

□轡を並べる

□範を垂れる

□鉦や太鼓で探す

□委曲を尽くす

□黒白を争う

〔くつわをならべる〕　大勢の人々が集まる様子。「轡」は、手綱をつけるため、馬の口にはめる金具。

〔はんをたれる〕　目下の者に対して、手本を示すこと。この「範」は模範、手本という意味。

〔かねやたいこでさがす〕　大騒ぎして探し回ること。昔、迷子を探すときに、大きな音を打ち鳴らしたことから。

〔いきょくをつくす〕　事情などを詳しく説明すること。「委曲」は「くわしいこと」という意味。

〔こくびゃくをあらそう〕　どちらが正しいかはっきりさせること。「黒白を付ける」「黒白を明らかにする」ともいう。

□**鬼面人を威す**

〔きめんひとをおどす〕　見せかけで、人を怖がらせること。「鬼面人を驚かす」ともいう。

◎そもそもどんな行動かわかりますか④

□**想像を逞しゅうする**

〔そうぞうをたくましゅうする〕　好き勝手にいろいろと想像する。「有名人のスキャンダルをめぐって想像を逞しゅうする」など。

□**中を取る**

〔なかをとる〕　金銭の多寡などをめぐって意見が分かれたとき、折り合うため、その中間をとること。「賠償金は、両者の中を取って百万円で決着した」など。

□机を並べる

□小間物屋を広げる

□寸法をつける

□卓を囲む

〔つくえをならべる〕　同じ教室で学ぶこと。ともに勉強するという意味。オフィスで机を並べていても、ともに働くという意味に使うのは、厳密にいえば誤用になる。

〔こまものやをひろげる〕　反吐《へど》をはくこと。小間物屋がこまごまとした商品を広げるように、食べたものをぶちまけることから。現代では「リバースする」という人が増えている。

〔すんぽうをつける〕　仕事の段取りをととのえる。なお「寸法をとる」は、衣服をつくるために、手足などの長さをはかること。

〔たくをかこむ〕　同じテーブルを囲んで、食事や遊びをともにすること。とくに麻雀卓を囲み、麻雀を打つこと。麻雀に誘う場合、「囲みませんか？」ということもある。

◎いったいどんな行動をとったの？①

□**上手を言う**

□**故障を入れる**

□**田を打つ**

□**長い草鞋を履く**

〔**じょうずをいう**〕　お世辞をいうこと。一方、お世辞を言われたときには「お上手ですね」と応じる。

〔**こしょうをいれる**〕　今でいう、クレームをつけること。

〔**たをうつ**〕　田を耕すこと。「田を返す」ともいう。ともに俳句では、春の季語。

〔**ながいわらじをはく**〕　長い旅に出ること。不祥事などで、その土地にいられなくなり、姿をくらますときに使うこと

□下手を売る

□歩を失う

□枕を濡らす

が多い。

〔へたをうる〕　失敗すること。江戸時代、上方で流行し、現代まで生き残っているやや下品な言い回し。「下手を売りやがって」など。

〔ほをうしなう〕　どう歩いていいか、わからなくなること。進むべき道がわからなくなること。なお、「歩を進める」は先へ進む、「歩を運ぶ」は出向く、「歩を転ずる」は歩く向きを変えること。

〔まくらをぬらす〕　布団に入っている間も、悲しみや悔しさで、涙を流すこと。今は、昼間は人前では泣けないので、夜、布団に入ってから悔し涙を流すというような場面を指すことが多い。

□物相飯を食う

□安きを偸む

□様子を作る

□浴びるように飲む

〔もっそうめしをくう〕 牢屋に入ること。前科があること。「物相」は飯を盛る器のことで、江戸時代には、これに飯を盛って、獄中の罪人に与えたことから。

〔やすきをぬすむ〕 先をのことを考えないで、今を安楽に過ごすこと。

〔ようすをつくる〕 もったいを付ける。思わせぶりな態度をする。気どる。「様子を付ける」も同じ意味。「今さら様子を作ったところで、意味がないでしょ」などと、ネガティブな意味合いで使う語。

〔あびるようにのむ〕 酒を大量に飲むさま。同じ液体でも、水やジュースには使わない。「浴びるほど飲む」ともいう。

◎いったいどんな行動をとったの？②

□**太鼓を打つ**

□**すべった**
ころんだ言う

□**風を食らう**

〔**たいこをうつ**〕　人に迎合し、機嫌をとること。「太鼓を叩く」、「太鼓を持つ」も同じ意味。そこから、幇間《ほうかん》を指す「たいこもち」という言葉が生まれた。

〔**すべったころんだいう**〕　つまらないことで、うるさく言うさま。「すべったころんだ言うんじゃないの」など。

〔**かぜをくらう**〕　すばやく逃げ去るさま。悪事などが露見して逃げるときなどに使う。

□景気をつける

□原点に立ち返る

□川の字に寝る

□土手っ腹に風穴を開ける

□為にする

〔けいきをつける〕　気分を高める。威勢をつける。「景気づけに一杯どうだい？」など。

〔げんてんにたちかえる〕　物事の出発点に立ち返る。目標を見失ったり、物事が迷走しはじめたときに使う言葉。「ここは原点に立ち返って、考えようじゃありませんか」など。

〔かわのじにねる〕　子供を真ん中にして夫婦が寝るさまを「川」の字に見立てた言葉。

〔どてっぱらにかざあなをあける〕　相手を脅すときの言葉。土手っ腹（突き出た腹）に銃弾を撃ち込んだり、短刀で刺して、風が通るような穴を開けるという意味。

〔ためにする〕　何らかの目的のため、下心をもって事を行

□青田を買う

□鬼をする

□母屋を渡す

□垣根を作る

うこと。「それは、為にする話だよ」など。

〔あおたをかう〕　まだ稲が実らないうちに、収穫量を見越して先に買ってしまうこと。一方、「青田を売る」は、まだ稲が実らないうちに、先に売ってしまうこと。

〔おにをする〕　毒味をすること。江戸時代まで、毒味をする者を「鬼役」と呼んだ。昔、宮中で毒味をする者が「鬼の間」から現れたことに由来するといわれる。

〔おもやをわたす〕　人に主導権を渡すこと。昔、一家の主人が長男などに家督を譲ると、母屋を息子に渡して、隠居所などに移ったことから。

〔かきねをつくる〕　人や他の組織などと親しく交わらない

さま。他のものとの間に垣根を作るようにという意味。

□がっぷり四つに組む

〔がっぷりよつにくむ〕　相撲で力士がまわしを取り合って組み合うさま。そこから、正面から堂々と戦うさま。「論客ががっぷり四つに組んだ論戦」など。

□私する

〔わたくしする〕　公けの金や品を自分のものにすること。「公金を私する」など。この言葉の場合、自分のものにする対象は公のものであり、私人の金品をかすめ取るときには使えない。

□証を立てる

〔あかしをたてる〕　疑いをはらすために、証拠を示すこと。「身の証を立てる」、「無実の証を立てる」などと使う。

□後先踏まえる

〔あとさきふまえる〕　過去の事情をよく把握したうえで、

これから先のことを考えること。「後先踏まえて、行動してくださいね」など。

□石を抱かせる

〔いしをだかせる〕　厳しく問い詰めて、無理に白状させること。江戸時代の膝の上に重い石を置き重ねる拷問に由来する言葉。「石を抱かされても口を割ったりしねえ」など。

◎いったいどんな行動をとったの？③

□異を立てる

〔いをたてる〕　反対する。違った意見をいう。「トップの方針に異を立てる」、「国の外交方針に異を立てる」など、〝大きなもの〟に反対するときに使うと似合う言葉。「異を唱える」と同じ意味。

□意を迎える

□意を用いる

□後ろを見せる

□嘘で固める

〔いをむかえる〕　人の考えに合わせ、気に入られるようにすること。「目上の意を迎えるような卑屈な振る舞い」など、ネガティブな意味に使われる。

〔いをもちいる〕　気を遣う、気を配ること。「意を迎える」とは違い、こちらは、悪い意味ではない。「お客に失礼がないか、意を用いる」など。

〔うしろをみせる〕　敵に背中（後ろ）を見せて逃げること。そこから、責任などを逃れようとする意味にも使われる。「敵に後ろを見せる」というのが、定番の使い方。

〔うそでかためる〕　話のすべてがウソで、一言も本当のことは言わないこと。「嘘で固めた虚飾の人生」、「嘘で固めた答弁」など。

□煙幕を張る

〔えんまくをはる〕 とぼけたり、ぼかしたりして、真意を人に知られないようなすするさま。戦闘で煙幕を張り、兵や武器を敵の目から隠すところから。

◎丁寧に意味をおさえたい慣用句①

□歓を尽くす

〔かんをつくす〕 存分に楽しむこと。「旧友と再会し、一夜の歓を尽くす」など。「歓を極める」も同じ意味。

□仕を致す

〔しをいたす〕 官職をやめること。「致仕する」と同じ意味。「仕」には「仕える」という訓読みがある。

□腕に縒りをかける

□歯が浮く

□掌を指す

□脇三寸に畳む

〔うでによりをかける〕　能力を最大限に発揮して、物事に取り組もうとする様子。糸を縒ると強度が増すことにたとえた言葉。

〔はがうく〕　見えすいたお世辞を言われ、かえって不快な気持ちになること。

〔たなごころをさす〕　はっきりしていること、正確なこと。自分の掌にあるものははっきりと指し示すことができることから。

〔わきさんずんにたたむ〕　気持ちを心の中に納め、外に表さないこと。「胸先三寸」はよくある誤用。

◎丁寧に意味をおさえたい慣用句②

□**手を拱く**

〔**てをこまねく**〕　本来何か行動をしなければならない場面で、何もしないこと。

□**手薬煉ひく**

〔**てぐすねひく**〕　十分に準備し、敵を待つこと。「薬練《くすね》」は松脂を煮て練ってつくる弓をひくときのすべり止め。

□**及び腰になる**

〔**およびごしになる**〕　自信がなく、おどおどとためらうこと。「及び腰」は、中腰で上半身をかがめた不安定な姿勢。

□**喉から手が出る**

〔**のどからてがでる**〕　「喉から手が出るほど欲しい」の形で

□総毛立つ

□腹蔵ない

□胸襟を開く

□臍を噛む

□骨肉相食む

使い、「どうしても欲しい」という思いのたとえ。

〔そうけだつ〕　恐怖心から、全身の毛が逆立つこと。「総毛立つほど恐ろしいホラー映画」など。

〔ふくぞうない〕　心の中に隠し事がないこと。「腹蔵」は腹にしまっておくこと。「腹蔵なく申し上げます」など。

〔きょうきんをひらく〕　心中思うことを包み隠さずに打ち明けること。「胸襟を開いて話し合う」のように使う。

〔ほぞをかむ〕　後悔すること。「ほぞ」はへそのことで、自分のへそを噛もうとしても届かないことから。

〔こつにくあいはむ〕　血縁者どうしが、激しく醜く争うこと。夫婦喧嘩は、血がつながっていないので使えない。

□**柳眉を逆立てる**

〔**りゅうびをさかだてる**〕　美人が眉を吊り上げて怒る様子。「柳眉」は柳の葉のような細眉のことなので、女性にのみ使う。

◎丁寧に意味をおさえたい慣用句③

□**吠え面をかく**

〔**ほえづらをかく**〕　泣き顔になること。「吠え面かくことになるぞ」など、罵り言葉によく使う。

□**鼻薬を嗅がせる**

〔**はなぐすりをかがせる**〕　賄賂《わいろ》を送ること。「鼻薬」は、もとは、子供がぐずったとき、なだめるために与える少量の菓子などのこと。

□眉に唾をつける

〔**まゆにつばをつける**〕　だまされないように用心すること。眉に唾を付けると、狐や狸に化かされないという俗信から。

□鼻毛を読まれる

〔**はなげをよまれる**〕　魂胆を見透かされること。とくに男性が惚れた女性に気持ちを見透かされている場合によく使う。

□奥歯に物が挟まる

〔**おくばにものがはさまる**〕　言いたいことがありそうなのに、はっきり言おうとしない様子のたとえ。

□目から鱗が落ちる

〔**めからうろこがおちる**〕　見えなかったものが、急に見えたり、物事の本質が見えること。新約聖書のエピソードから。

□口の端に上る

〔くちのはにのぼる〕　人の噂になること。「口の端」は口先のことで、「噂」や「評判」という意味もある。「くちのはし」と読まないように。

□生木を裂く

〔なまきをさく〕　仲のよい夫婦や恋人どうしを、無理矢理に別れさせること。

□火中の栗を拾う

〔かちゅうのくりをひろう〕　他人の利益のため、危険を冒すことのたとえ。中国故事ではなく、フランスの寓話に由来する言葉。

□山葵を利かす

〔わさびをきかす〕　小さな工夫で、効果を高めること。香辛料の山葵を添えると、料理の味が引き締まることから。

◎丁寧に意味をおさえたい慣用句④

□お茶を挽く

〔おちゃをひく〕　飲食店で、お客がいなくて暇な様子。暇な芸妓が茶臼で葉を挽く仕事をしていたことから。

□お茶を濁す

〔おちゃをにごす〕　その場を適当にごまかすこと。茶道の席で、いいかげんにその場をとり繕うところから。

□同じ釜の飯を食う

〔おなじかまのめしをくう〕　仲間として、ある時期、寝食をともにすること。旧知の親しい間柄だという意を含む。

□味噌をつける

〔みそをつける〕　何事かに失敗して評判が悪くなること。

□苦杯を嘗める

□齟齬を来す

□鯖を読む

□霞を食う

□虎の尾を踏む

味噌が器につくと見苦しいことから。

〔くはいをなめる〕　つらい経験をすること。「苦杯」は苦い酒が入った杯のこと。

〔そごをきたす〕　行き違って、物事がうまく噛み合わないこと。齟齬は、上下の歯がうまく噛み合わないことを指す。

〔さばをよむ〕　自分の利益のため、物の数をごまかすこと。鯖は腐りやすいため、急いで数えたところから。

〔かすみをくう〕　俗世間にわずらわされずに生きること。仙人が霞を食って暮らしているとされることから。

〔とらのおをふむ〕　非常に危険な行為をするという意味。

□虎を野に放つ

□狐につままれる

□下馬評に上がる

□馬脚を露す

□語るに落ちる

古来、東洋では、虎はもっとも恐ろしい肉食獣とされてきた。

〔とらをのにはなつ〕　人に害を与える危険なものを野放しにすることのたとえ。この「野」を「や」と読まないように。

〔きつねにつままれる〕　思わぬことが起き、わけがわからないこと。この「つままれる」は、だまされるという意。

〔げばひょうにあがる〕　さまざまな評判に上ること。下馬先で、供の者たちが主君らを批評し合ったことから。

〔ばきゃくをあらわす〕　隠していた本性が露《あらわ》になること。芝居で馬の足役の役者が姿を見せてしまうことから。

〔かたるにおちる〕　問われると用心して話さないが、自由に話させると、うっかり本当のことを言ってしまうこと。「問うには落ちず、語るに落ちる」の略。

◎一生のうち一度は使う慣用句①

□**半畳を入れる**

〔**はんじょうをいれる**〕　人の言動に茶々を入れること。昔の芝居小屋で、役者がしくじったりすると、観客が半畳大のゴザを舞台に投げたことから。

□**口吻を洩らす**

〔**こうふんをもらす**〕　はっきりと言わなくても、言葉の端々に内心が現れること。「口吻」は口先、話ぶりという意。

□**舌端火を吐く**

〔**ぜったんひをはく**〕　激しく論じたてること。「舌端」は

□剣突を食う

□耳に胼胝ができる

□旦夕に迫る

□累が及ぶ

舌の先のことで、弁舌を意味する。

〔けんつくをくう〕　激しく叱られること。「剣突」は、荒々しい小言。

〔みみにたこができる〕　同じ話を何度も聞かされることのたとえ。「胼胝」は足の裏などの皮膚が硬くなった部分。

〔たんせきにせまる〕　危機が切迫している様子。「旦夕」は「朝晩」という意味。「命、旦夕に迫る」は、死期が迫っていること。

〔るいがおよぶ〕　災いや迷惑を他者から受けてしまうこと。「末代にまで累を及ぼす」などと使う。

□焼け棒杭に火がつく

□鍍金が剥げる

□尾羽打ち枯らす

□熨斗を付ける

□膏血を絞る

〔やけぼっくいにひがつく〕　一度は別れた男女の仲が元に戻ること。木杭などの火は、消したと思ってもまた燃え出しやすいことから。

〔めっきがはげる〕　本性が出ること。「鍍金」は貴金属などを他の金属の表面にかぶせたもの。

〔おはうちからす〕　昔、隆盛を誇った人が、落ちぶれること。鳥の尾や羽がみすぼらしくなるさまにたとえた言葉。

〔のしをつける〕　丁寧に贈り物をすることのたとえ。「熨斗」は「熨斗鮑《あわび》」の略で、鮑の肉を薄く伸ばしたもののこと。

〔こうけつをしぼる〕　人が苦労して得た財産を奪いとること。重税を絞り取るという意味によく使われる。「膏血」は人の脂と血。

◎一生のうち一度は使う慣用句②

□埘を巻く

〔とぐろをまく〕　数人が集まってたむろしている様子のこと。ヘビが体を渦巻のようにぐるぐる巻いていることからきた言葉。

□鬼籍に入る

〔きせきにいる〕　「死亡」を婉曲に表す語。「鬼籍」は死者の俗名や戒名、死亡年月日などを記した過去帳のこと。「はいる」と読まないように。

□春秋に富む

〔しゅんじゅうにとむ〕　年若く、時間がたっぷり残されて

□爪に火を灯す

□左褄をとる

□身二つになる

□間尺に合わない

いるという意。「春秋」には「年月」という意味がある。

〔つめにひをともす〕 大変ケチなことのたとえ。燃料代節約のため、切った爪でさえ、燃やしかねないほどの倹約ぶりのたとえ。

〔ひだりづまをとる〕 芸妓になること。「左褄」は衣服の左の端で、昔、芸者が左手で褄をとって歩いたところから。

〔みふたつになる〕 妊娠すること。自分とお腹の中の子供の二人になったという意味。

〔ましゃくにあわない〕 損益が釣り合わない、割にあわないこと。「間尺」は建物や建具などの寸法のこと。

□微に入り細を穿つ

〔びにいりさいをうがつ〕　非常に細かいところまで気を配ること。

◎一生のうち一度は使う慣用句③

□掉尾を飾る

〔ちょうびをかざる〕　最後に一段とうまくいくこと。トウビと読む人もいるが、それは慣用読みで、本来はチョウビと読む。

□洞が峠をきめこむ

〔ほらがとうげをきめこむ〕　有利な方につくため、様子をみることのたとえ。戦国時代の筒井順慶をめぐるエピソードに由来すると伝えられる語。

□後の雁が先になる

□糧道を絶つ

□久闊を叙す

□咽喉を扼する

□平仄が合わない

〔あとのかりがさきになる〕　後の者が先の者を追い越すという意味。雁が群れになって飛ぶ様子からきた言葉。

〔りょうどうをたつ〕　物資が入るルートを絶つこと。「糧道」には「生活の糧《かて》を得る道」という意味もある。

〔きゅうかつをじょす〕　久々に出会って挨拶すること。「久闊」は長い間会わないこと、便りをしないこと。

〔いんこうをやくする〕　重要な点をおさえること。「咽喉」は喉のこと。そこから、重要な通路を意味する。

〔ひょうそくがあわない〕　物事の筋道が立たないこと。漢詩を作るとき、平声字と仄声字の配列が合わないことから。

□謦咳に接する
〔けいがいにせっする〕　尊敬する人に直接会うこと。「謦」も「咳」も「せき」という意味で、「謦咳」はせきばらい。

□側杖を食う
〔そばづえをくう〕　関係ないことに巻き込まれること。「側杖」は喧嘩する者の側にいると杖が当たるという意。

◎「身体のパーツ」が登場する慣用句

□額に手を当てる
〔ひたいにてをあてる〕　困ったさま。考えあぐねているさま。「額に手を当て考え込む」など。

□臍の緒をひきずる
〔へそのおをひきずる〕　生まれたままで、進歩していないこと。臍の緒は生まれるとすぐに切るものだが、まるでそれを引きずっているかのように、幼さを残しているという意味になる。

□**顔に書いてある**

〔かおにかいてある〕 言葉などでは隠そうとしても、顔つきに現れているさま。

□**鼻が胡座をかく**

〔はながあぐらをかく〕 鼻が低く、横に広がっているさまのこと。

□**指一本指させない**

〔ゆびいっぽんささせない〕 人に非難させたり、干渉させたりしないこと。「指一本指させないように、万全の注意を払う」など。「後ろ指をさされる」と混同して、〝後ろ指一本指させない〟というのは誤用。

□**俗耳に入りやすい**

〔ぞくじにはいりやすい〕 誰にも受け入れられやすいこ

と。一般の人が聞いて理解しやすいこと。「俗耳に入りやすい話」、「それは、俗耳に入りやすい俗説だよ」など。

□鼻の下が干上がる

〔はなのしたがひあがる〕　この場合の鼻の下は「口」のことで、食べるのにも困るさま。なお、「鼻の下が濡れる」は食べ物にありつくこと。「鼻の下が長い」は好色で女性に甘いという意味。

□声を尖らせる

〔こえをとがらせる〕　口調がとげとげしくなるさま。「そんな、声を尖らせないでくださいよ」など。

□軸足を移す

〔じくあしをうつす〕　体重をかける足を変えること。そこから、今まで中心としていたものから、別のものへ中心を移すこと。「外交の軸足を移す」など。

□足にまかせる

〔あしにまかせる〕　行く先を決めず、気ままに歩くさま。「足にまかせて散策する」など。

□残喘を保つ

〔ざんぜんをたもつ〕　やっと生き長らえているさま。「残喘」は残りの息のことで、「喘」は「せき」と訓読みする。「あの企業、今は残喘を保っているものの、倒産も時間の問題だ」など。

□声涙ともに下る

〔せいるいともにくだる〕　涙を流しながら、語るさま。「声涙ともに下る名演説」など。

□きれいな口をきく

〔きれいなくちをきく〕　体裁がいいことをいうという意味。「きれいな口をきくじゃないか」など。

◎「数字」が登場する慣用句

□一札入れる

□一つ屋根の下に住む

□一本になる

〔いっさついれる〕　借用書などの証文を相手に渡すこと。

〔ひとつやねのしたにすむ〕　同じ家のなかで生活する。「同じ屋根の下に住む」という人もいるが、この形では成句とはいえない。

〔いっぽんになる〕　芸妓などが一本立ちすること。この「一本」は、かつて芸妓を呼んだ代金が線香一本が燃え尽きる時間によって計算されたことに由来する語。

□十年一剣を磨く

〔じゅうねんいっけんをみがく〕　長い年月、腕や技を磨きつづけて、来るべき好機や場面に備えるという意味。「十年一剣を磨くは、その日のためなるぞ」など。

◎「生と死」をめぐるモノの言い方

□泉下の客となる

〔せんかのきゃく〕　あの世に行くこと。「泉下」は黄泉の下という意味で、死後の世界のこと。「泉下の人となる」ともいう。

□土になる

〔つちになる〕　土葬した遺体が朽ちて土にかえっていくことから、死ぬこと。「土となる」ともいう。「異国の土となる」など。

□お迎えがくる

□棺を覆う

□刃に掛かる

□巨星墜つ

□晩節を全うする

〔おむかえがくる〕　死ぬときが訪れる。臨終の際に仏が現れて、人を極楽に導いてくれるという「来迎《らいごう》」思想から生まれた言葉。

〔かんをおおう〕　死ぬこと。「棺を覆いて事定《こと》まる」は、人の本当の評価は死後に定まるという意味の成句。

〔やいばにかかる〕　刃物によって殺されること。なお、「刃」は「焼刃」＝ヤキバが変化した語。

〔きょせいおつ〕　偉大な業績を残した人物が亡くなること。「オペラ界の巨星墜つ」などと使う。

〔ばんせつをまっとうする〕　亡くなるまで、信念を貫き、立

□**死者に鞭打つ**

□**荼毘に付す**

□**幽明界を異にする**

派に生き抜くこと。反対語は「晩節を汚す」。

〔**ししゃにむちうつ**〕　死者の生前の行いを責めること。本来は「死屍に鞭打つ」。中国故事から。

〔**だびにふす**〕　死者を火葬すること。「荼毘」は、「焼身」を意味する梵語《ぼんご》に漢字を当てたもの。

〔**ゆうめいさかいをことにする**〕　死別し、あの世とこの世に分かれること。「幽明」は「暗いことと明るいこと」という意から、「あの世とこの世」のこと。

第2章

〝お決まり表現〟を知れば、日常会話がもっと楽しく変わります

◎ほめているのか、けなしているのか

□狂言回し

□糟糠の妻

□雲衝くばかり

〔**きょうげんまわし**〕　物事の進行役を務める人。もともとは、歌舞伎用語で、ストーリー展開に必要な登場人物のことをいう。

〔**そうこうのつま**〕　夫が貧しい頃から連れ添ってきた妻。「糟糠」は、酒かすと米ぬかのこと。

〔**くもつくばかり**〕　雲を衝き上げるほど背が高い様子。「雲衝くばかりの大男」などと使う。

□慧眼の士

□元の木阿弥

□提灯持ち

□股肱の臣

□烏合の衆

〔けいがんのし〕　物事の本質を見破るような洞察力を持った人のこと。「慧い」で「さとい」と読む。

〔もとのもくあみ〕　一度はよい状態になったものが、また元の悪い状態に戻ってしまうこと。

〔ちょうちんもち〕　人をほめ立て、取り入る人。かつて身分の高い人が、供の者に提灯を持たせたことから。

〔ここうのしん〕　頼りになる部下・腹心。「股」はもも、「肱」はひじを表し、手足のように使える家臣という意に。

〔うごうのしゅう〕　たくさんの人が集まっているのに、まとまりに欠ける様子。

□お歴々

〔おれきれき〕　身分、家柄、地位などが優れた人たち。「歴々たる人々」の略。歴々は「はっきりしている」という意味。

◎いったい誰のことだろう？

□立志伝中の人

〔りっしでんちゅうのひと〕　努力を重ねて成功した人。「立志伝」は、志を立て、成功した人の伝記のこと。

□猪口才

〔ちょこざい〕　小賢しくて生意気なさま。一説には、酒を飲む盃（猪口）ほどの才能しかないことに由来。

□総領の甚六

〔そうりょうのじんろく〕　長男には、おっとりしたお人好

□昼行燈

□二股膏薬

□屋台骨

□極楽蜻蛉

しが多いことを指す言葉。「総領」は長男のこと。

〔ひるあんどん〕 ぼんやりしていて役に立たない人。明るい昼日中、行燈をつけても役に立たないことから。

〔ふたまたこうやく〕 立場や態度をころころ変える人。内股にはった膏薬が右の股についたり、左の股についたりすることから。

〔やたいぼね〕 一家を支える人や団体の中心人物。屋台を支える骨組みという意味から。

〔ごくらくとんぼ〕 楽天的で浮わついた人を嘲る語。極楽を呑気に飛ぶトンボのようだという比喩。

□**麒麟児**

〔**きりんじ**〕　将来、大成を期待される少年。「麒麟」は、中国の想像上の聖獣。

□**腰巾着**

〔**こしぎんちゃく**〕　実力者にまとわりついて、離れない人。「巾着」は、布や革などでつくった袋で、昔は腰に下げた。

◎どういう「モノ」のことを指している？

□**十八番**

〔**おはこ（じゅうはちばん）**〕　もっとも得意なこと。市川団十郎家がお家芸の「歌舞伎十八番」の台本を箱に入れておいたことから。

□**付け焼刃**

〔**つけやきば**〕　にわか仕込みの知識などが身についていな

□梁山泊

□錦の御旗

□乳母日傘

□諸刃の剣

い様子。もとは、鈍刀に鋼の焼き刃をつけた紛《まが》い物のこと。「つけやいば」と読まないように。

〔りょうざんぱく〕 豪傑や野心家などが集まる場所。宋時代、梁山に盗賊、豪傑らが砦を構えたことから。

〔にしきのみはた〕 官軍であることを示す旗。そこから、主張や行動を正当化するもののたとえとして使われる。

〔おんばひがさ〕 大切に過保護に育てられること。乳母に日傘をさしかけられるようにして育てられたという意味。

〔もろはのつるぎ〕 役立つが、危険も伴うことのたとえ。「諸刃」は、刀剣の両側が刃になっているもの。「両刃の剣」とも書き、こう書いても「もろは」と読む。

□遣らずの雨

□伏魔殿

□金字塔

□華燭の典

□鬨の声

〔やらずのあめ〕　訪問客を引き止めるかのように降り出した雨。「遣らず」は人を進ませないという意。

〔ふくまでん〕　悪事や陰謀がたくらまれている場所。もとは、魔物が住む場所という意味。

〔きんじとう〕　すぐれた業績。もとはピラミッドの別名。その形が「金」という字に似ているところから。

〔かしょくのてん〕　「結婚式」を美しく飾った表現。「華燭」は、式典などで灯す華やかな灯火のこと。

〔ときのこえ〕　合戦の前に、味方の士気を鼓舞するために一同であげる声。大人数がどっとあげる声。

□**銀流し**

〔**ぎんながし**〕　紛い物や見せかけだけの人。水銀などを銅などにすりつけ、銀器に見せたことから。

◎どんな「状況」で使うかわかりますか？①

□**御の字**

〔**おんのじ**〕　ありがたいこと。接頭語の「御」の字をつけたいほど、けっこうなことという意味。

□**後の祭**

〔**あとのまつり**〕　しまったと思っても、取り返しがつかないこと。この場合の「祭」は、一説に京都の祇園祭のこと。

□**青天の霹靂**

〔**せいてんのへきれき**〕　思いもかけず、突然に起こる大事

□寝耳に水

□伝家の宝刀

□絵に描いた餅

□弁慶の泣き所

□好事魔多し

件。青い空に急激に起こった雷（霹靂）という意味。

〔ねみみにみず〕　不意の出来事が起きることのたとえ。「眠っているときに、洪水の水音を聞く」という意味。

〔でんかのほうとう〕　いざというときしか使わない、とっておきの切り札。もともとは、家に伝わる名刀のこと。

〔えにかいたもち〕　現実には役に立たないもののたとえ。絵に描いた餅は食べられないところから。

〔べんけいのなきどころ〕　どんなに強い人間にも、弱点があることのたとえ。「向こう脛」の別名でもある。

〔こうじまおおし〕　よいこと（好事）には、とかく邪魔が入りやすいこと。

◎どんな「状況」で使うかわかりますか？②

□**のべつ幕なし**

〔**のべつまくなし**〕 休みなく、ひっきりなしに続く様子。「幕なし」は、芝居で幕を下ろさずに演じ続けること。

□**堰を切ったよう**

〔**せきをきったよう**〕 こらえていたものが一度に動き出すさま。「堰」は水位を調整するセキ。

□**引きも切らず**

〔**ひきもきらず**〕 ずっと続くさま、ひっきりなしの状態。「お客が引きも切らずに押し寄せる」など。

□宜なるかな

□漫ろ歩き

□片腹痛い

□神に入る

□抹香臭い

〔むべなるかな〕 もっともだという意味。なるほどと肯定するときに使う文語表現。

〔そぞろあるき〕 あてもなくぶらぶら歩き回ること。「漫ろ」は、これという理由もないという意味。

〔かたはらいたい〕 ちゃんちゃらおかしい、という意。もっぱら、身のほどを知らない者を嘲るときに使う。

〔しんにいる〕 技術などがひじょうにすぐれていて、人間業とは思えないさま。「しんにはいる」と読まないように。

〔まっこうくさい〕 人の話などが、仏教的すぎる、坊主くさいという意。「抹香」は焼香に用いるお香。

□動もすると

〔ややもすると〕 どうかすると、そうなりそうだという意味。「動もすると失敗の恐れがある」など。

□途轍もない

〔とてつもない〕 筋道が通らない、とんでもないという意。「途轍」は、道の上に残った車輪の跡のことで、「筋道」のたとえ。

□倦まず撓まず

〔うまずたゆまず〕 飽きたり、怠けたりしないで、努力をし続ける様子。

□色をかえ、品をかえ

〔いろをかえしなをかえ〕 いろいろな手段を講じること。「色をかえ、品をかえて、親を説得する」。「手をかえ、品をかえ」と同じ意味。

□帰らぬ旅

〔かえらぬたび〕 死後の世界へ向かう旅。「死」に関しては婉曲表現が多数あり、「帰らぬ」はそのひとつ。「帰らぬ人」は故人、「帰らぬ人となる」は死ぬこと。

◎どんな「状況」で使うかわかりますか？③

□黄泉の客

〔こうせんのきゃく〕　死んだ人のこと。「黄泉」は死後の世界のことで、「黄泉の旅人」ともいう。黄泉を訓読みすると、「よみ」。

□無言の帰宅

〔むごんのきたく〕　死んで自宅に帰ること。新聞などで、決まり文句として使われる言葉。

□一生の別れ

〔いっしょうのわかれ〕　生涯、出会うことのない別れ。つま

□どの面下げて

□舌を出すのも嫌い

□不覚の涙

□眉の霜

り「死別」を意味する。「今生《こんじょう》の別れ」も同じ意味。

〔どのつらさげて〕　どんな面目があって。不義理をした相手のところへ、顔を出すときなどに使われる。「どの面下げて、やってきたんだい」など。

〔したをだすのもきらい〕　自分の懐から、金銭を出すことを徹底的に嫌うさま。「出す」のは舌を出すことさえ嫌うのだから、ましてや金を出すなんて、という意。

〔ふかくのなみだ〕　思わず流れる涙。「思わず、不覚の涙をこぼす」など。

〔まゆのしも〕　年老いて、眉が白くなっているさま。「霜」は比喩的に白髪を表し、「頭に霜をいただく」は白髪頭になること。

□**虫の息**

〔むしのいき〕　今にも消えてしまいそうな弱々しい呼吸。今にも死んでしまいそうな息づかい。

□**一議に及ばず**

〔いちぎにおよばず〕　議論や相談をするまでもなく。何の異議もなく。「その件は、一議に及ばずということで決着いたしました」など。

□**一門の面汚し**

〔いちもんのつらよごし〕　親族や身内の名誉を傷つけるような振る舞いをすること。「一門」は、今は落語界などで使われる言葉だが、もとは広く使われ、氏《うじ》を同じくする親族や身内のこと。

□**草葉の陰**

〔くさばのかげ〕　墓の下、あの世のこと。生い茂る草葉に隠

□薬石効なく

□竈の下の灰まで

□貧者の一灯

□斗酒なお辞せず

れたところのことであり、そこから「墓」を意味する。

〔やくせきこうなく〕　あらゆる治療の甲斐なくという意味。この「石」（とがった石針）は鍼治療のこと。

〔かまどのしたのはいまで〕　家の中のものは残らずすべてという意味。「竈の下の灰まで持っていかれる」などと使う。

〔ひんじゃのいっとう〕　貧しい人が寄付すること。もとは、苦しい暮らしの中から、真心をこめて神仏に一本の灯明を供えること。

〔としゅなおじせず〕　大酒を飲み、それでいて乱れないこと。「斗酒」とは「一斗」（一升瓶一〇本分）の酒のこと。

□雲を霞

〔くもをかすみ〕 一目散に逃げて、その場からいなくなることのたとえ。「雲を霞と逃げ出した」など。

◎どんな「関係」なんだろう？

□鴛鴦の契り

〔えんおうのちぎり〕 夫婦の仲のよさを表したたとえ。「鴛鴦」は、夫婦仲がよいといわれるオシドリのこと。

□阿吽の呼吸

〔あうんのこきゅう〕 二人以上の調子や気持ちがうまく合うことのたとえ。「阿」が吐く息で、「吽」が吸う息。

□対岸の火事

〔たいがんのかじ〕 他人には災難でも、自分には無関係であることのたとえ。向こう岸の火事は、こちら側に燃え移る心配がないことから。

□指呼の間

〔しこのかん〕　きわめて近い距離のこと。「指呼」は指さして呼ぶことで、それくらい近い距離という意味。

□犬猿の仲

〔けんえんのなか〕　犬と猿のように仲が悪いものどうしのたとえ。

□内助の功

〔ないじょのこう〕　妻が家庭をよく守り、夫が外で十分働けるように援助すること。

□陰になり日向になり

〔かげになりひなたになり〕　あるときは秘かに、あるときは表立って、という意味。

□一姫二太郎

〔いちひめにたろう〕　子を持つなら一人目は女、二人目は男が理想的という言い伝え。女の子のほうが育てやすいとされたことから。

◎「顔と体」が登場するちょっとした表現

□**頭隠して尻隠さず**

〔**あたまかくしてしりかくさず**〕　身をひそめたつもりで、頭だけ隠し、尾は出したままでいるような愚かさのたとえ。鳥の雉《きじ》の習性から。

□**汗顔の至り**

〔**かんがんのいたり**〕　顔から汗が出るほど、恥ずかしく思うこと。「大人げない振る舞い、汗顔の至りです」など。

□**思案投げ首**

〔**しあんなげくび**〕　名案が浮かばず、困り果てるさま。「投

□脛に瑕

□歯に衣着せぬ

□手鍋下げても

□涼しい顔

□目引き袖引き

げ首」は、首を前に投げ出すように垂れること。

〔すねにきず〕　やましいことがある、隠している悪事があること。「脛に疵のある身の上だ」など。

〔はにきぬきせぬ〕　思ったままはっきり言うこと。歯に衣を着せないように、包み隠さず話すという意味。

〔てなべさげても〕　好きな男性と一緒になれるなら、どんな貧しさも厭《いと》わない気持ちのたとえ。

〔すずしいかお〕　自分に関係があるのに、素知らぬふりですまし込んでいる様子。

〔めひきそでひき〕　目くばせしたり、袖を引っ張ったりして、声を出さず仲間うちで意を通じ合うこと。

□**仏頂面**

〔**ぶっちょうづら**〕　無愛想な顔、ふくれっ面。「仏頂尊」という仏の恐ろしい顔にたとえたもの。

◎「植物」が登場するちょっとした表現

□**出藍の誉れ**

〔**しゅつらんのほまれ**〕　弟子が師匠を追い抜くこと。『荀子』の「青は藍より出でて藍より青し」に由来する語。

□**いずれ菖蒲か杜若**

〔**いずれあやめかかきつばた**〕　優劣つけがたいほどの美人が並ぶ様子。菖蒲と杜若はともに美しく、区別がつきにくいことから。

□檜舞台

□青田買い

□蒲柳の質

□徒花

□麦の秋

〔ひのきぶたい〕 能楽を行うような、檜の板を使った立派な舞台。そこから「晴れの舞台」という意味に。

〔あおたがい〕 米が実る前から、米を買い取ること。現代では、卒業のずいぶん前に学生の社員採用を決める意によく使われる。

〔ほりゅうのしつ〕 生まれつき体が弱く、病気になりやすい体質のこと。「蒲柳」は川辺の柳のこと。

〔あだばな〕 咲いても実を結ばない花。そこから、華やかなようでも、よい結果を生まないたとえ。

〔むぎのあき〕 麦が熟する五月末から六月にかけての時

期。夏の季語。「麦秋《ばくしゅう》」ともいう。

□**桐一葉**

〔**きりひとは**〕 衰え始めたわずかな兆しを表すたとえ。アオギリの葉は、他の木よりも先に落葉することから。

□**隣の芝生**

〔**となりのしばふ**〕 何事も他人の物はうらやましく思えることのたとえ。自分の庭よりも、隣の芝生が美しく思えることから。

◎「食べ物」が登場するちょっとした表現

□**飴と鞭**

〔**あめとむち**〕 おだてたり叱ったりして、人を思いどおりに動かすこと。ドイツの宰相ビスマルクの弾圧と譲歩の政

□茶番劇

□如何物食い

□糠喜び

□噴飯物

□金太郎飴

策に由来する。

〔ちゃばんげき〕　底が見えすいた振る舞い。「茶番」は「茶番狂言」の略で、滑稽な寸劇のこと。

〔いかものぐい〕　変わった嗜好や趣味をもつこと。もとは、人が食べないものを好んで食べるという意。

〔ぬかよろこび〕　当てがはずれる前の束の間の喜び。糠は穀類を精白したあとの滓《かす》。そこから「はかない」の意に。

〔ふんぱんもの〕　馬鹿馬鹿しいこと。食べているご飯を吹き出してしまいそうなくらい馬鹿げたこと。

〔きんたろうあめ〕　みんな同じようであることのたとえ。

どこを切っても、同じ金太郎の顔が出てくる棒状の飴から。

□累卵の危うき

〔るいらんのあやうき〕　きわめて不安定な状態。「累卵」は卵を積み重ねることで、くずれやすくて危険な状態のこと。

□御神酒徳利のよう

〔おみきどっくりのよう〕　同じような姿をした二人連れのこと。神前に供える神酒を入れた徳利が一対であることから。

□酢豆腐

〔すどうふ〕　知ったかぶりをする人、通人ぶる人のこと。腐った豆腐を「酢豆腐だ」と知ったかぶりして食べる落語から。

□糠味噌が腐る

〔ぬかみそがくさる〕　歌が下手で、調子はずれなことを嘲り、冷やかす言葉。

□牛の涎のような

□醍醐味

□芋蔓式

□箸の上げ下ろし

□上げ膳据え膳

〔うしのよだれのような〕 長く続くことのたとえ。牛がたえずよだれをたくわえ、だらだらとこぼしている様子から。

〔だいごみ〕 真の味わいやおもしろさ。もとは仏教用語で、乳を精製して得られる最もおいしい部分（醍醐）の味のこと。

〔いもづるしき〕 関連する人やものが次々と明らかになること。芋の蔓を手繰ると、芋が連なってとれることから。

〔はしのあげおろし〕 細かな行動、しぐさ。「〜にも文句を言う」など、細かに口をはさむことの形容で使う。

〔あげぜんすえぜん〕 大事にされること。お膳を並べたり片づけたりしなくても、誰かがやってくれる身分という意味。

◎どんな「生き物」？　どうして「生き物」？

□暗がりの牛

□鶯鳴かせたこともある

□虱潰し

〔くらがりのうし〕　見分けにくい物のたとえ。あるいは、鈍重な人の形容。

〔うぐいすなかせたこともある〕　今は年をとったが、かつては色香たっぷりで、鶯を鳴かせる梅の花のように男どもを騒がせたという意。

〔しらみつぶし〕　物事を漏れのないように処理すること。「虱潰しに調べ上げる」など。

□雁の使い

□蝸牛角上の争い

□犬馬の労

□雁字搦め

□中原の鹿

〔かりのつかい〕　手紙のこと。匈奴《きょうど》に捕らえられた蘇武が、雁の足に手紙をくりつけて送ったという故事から。

〔かぎゅうかくじょうのあらそい〕　狭い世界でのつまらない争いのこと。カタツムリの角の上にあるような小国が争ったという『荘子』の寓話に由来する言葉。

〔けんばのろう〕　忠実に働くこと。犬や馬のように、飼い主に忠実に働くという意味。「犬馬の労を惜しまない」など。

〔がんじがらめ〕　束縛されて自由な行動がまったくとれないこと。もとは、縄や紐を厳重に縛ること。

〔ちゅうげんのしか〕　政権のこと。「中原」は黄河中流地域一帯の平原で、中国古代の中心地。「鹿」は帝位を表す。

◎「生き物」が登場するワンランク上の日本語

□**烏の濡れ羽色**

〔**からすのぬればいろ**〕　黒く艶やかな色。烏の羽が水に濡れると、青みを帯びた美しい黒色になることからきた表現。

□**登竜門**

〔**とうりゅうもん**〕　立身出世につながる関門。新人コンテストや難しい試験を指すことが多い。「とりゅうもん」は誤読。

□**鼬ごっこ**

〔**いたちごっこ**〕　双方が同じことを繰り返し、無益な様子。互いの手の甲をつまみ合う子供の遊びに由来する語。

□蟷螂の斧

〔とうろうのおの〕　弱い者が強い者に歯向かうことのたとえ。蟷螂はカマキリのこと。

□鬼が出るか蛇が出るか

〔おにがでるかじゃがでるか〕　何が起きるか、予想もつかないこと。「鬼が出るか蛇が出るか、予測がつかない」など。

□頭の上の蠅を追う

〔あたまのうえのはえをおう〕　他人のことをあれこれ言うよりも、まずは自分自身のことをせよという意味。

□塞翁が馬

〔さいおうがうま〕　人生の禍いと幸いは転々として予測ができないことを意味する中国故事に由来する語。

□呑舟の魚

〔どんしゅうのうお〕　大人物のこと。舟を呑み込んでしまうほどの大きな魚という意味から。

□獅子身中の虫

〔しししんちゅうのむし〕　組織に害を与え、恩を仇で返す内部の者。獅子に寄生する虫が、獅子の体をむしばむことから。

◎どういう「状態」？　どういう「感情」？

□喪家の狗

〔そうかのいぬ〕　元気なく、やつれた人のこと。失意の人。主人を失って、やつれた犬にたとえた言葉。「そうけ」と読まないように。

□平蜘蛛のよう

〔ひらぐものよう〕　地面に頭をつけて土下座している様子。ひれ伏して頭を低く下げ、恐縮している様子。

□滂沱の涙

□お冠

□ごまめの歯軋り

□惻隠の情

□鸚鵡返し

〔ぼうだのなみだ〕　涙がとめどなく流れる様子。「滂沱」は雨が激しく降る様子で、それを涙が流れる様にたとえた。

〔おかんむり〕　機嫌が悪いこと。かつては「冠を曲げる」と言い、やがて今の形に省略された。

〔ごまめのはぎしり〕　力のない者が悔しがることのたとえ。ごまめはカタクチイワシなどを干したもの。

〔そくいんのじょう〕　人をあわれみ、かわいそうに思うこと。「惻」「隠」ともに「あわれむ」という意味がある。

〔おうむがえし〕　人から言われた言葉をそっくりそのまま返すこと。鸚鵡は、物真似上手な鳥の代表格。

□**懸河の弁**

〔**けんがのべん**〕　非常に雄弁であること。「懸河」は傾斜が急で、流れの速い川。急流が流れるように淀みなく話す様子。

□**二進も三進も**

〔**にっちもさっちも**〕　行き詰ってどうにもならないこと。算盤での計算に由来する言葉。

□**線香花火のような**

〔**せんこうはなびのような**〕　一時的ですぐに勢いのなくなるもののたとえ。「線香花火」が一瞬は華々しいが、すぐに消えることから。

◎短くてやけに奥深い表現

□**暗々裡に**

〔**あんあんりに**〕　人の知らないうちに、ひそかにという意

□仮借ない

□杳として

□然もありなん

□短兵急に

味。「暗々」は「明々」の反対語。「裡」は「内」という意味。

〔かしゃくない〕 容赦しない、見逃さないこと。「仮借」だけなら許すこと。「呵責」(叱り責めること)と混同しないように。

〔ようとして〕 事情が明らかにならない様子。暗くてはっきりしない様子。「杳として行方が知れない」など。

〔さもありなん〕 確かにそんなことだろうという意味の言葉。人の話を肯定的に受けとめるときに使う。

〔たんぺいきゅうに〕 いきなり行動を起こすこと。「短兵」は刀剣や手槍などの短い武器。刀剣などで突然攻撃するさまから。

□吝かでない

□矯めつ眇めつ

□論を俟たない

□印ばかりの

□名にし負う

〔やぶさかでない〕　努力を惜しまないという意味。「吝か」はケチなことで、そうではないことから、この意味になった。

〔ためつすがめつ〕　いろいろな角度からよく見るさま。「矯める」は狙いをつける、「眇める」は片目を細くするという意。

〔ろんをまたない〕　あらためて論ずるまでもない、言うまでもない、という意味。

〔しるしばかりの〕　少しの、気持ちだけのという意味。小さな記号の「印」ほどという意。

〔なにしおう〕　名高い、評判であるという意味。「京都の宇治は名にし負う茶葉の名産地」など。

第3章
語源を知ることは、教養を身につける近道です〈日本・中国編〉

◎そういうことばの由来があったんだ

□隗《かい》より始《はじ》めよ――「隗」って何のこと?

遠大なことをするには、まず手近なことから始めよという意味。あるいは事を起こすには、自分自身から着手せよという意味の、中国・戦国時代にルーツがある言葉。

燕の昭王が賢者を集めようとしたとき、郭隗《かくかい》という男が、まずは自分を取り立てるよう進言した。自分のようなつまらない者でも登用すれば、それを知った賢人が次から次へと集まって来るだろうと説いた。実際、郭隗を優遇することで、各地から賢人が集まり、昭王は目的を達成した。

□騎虎《きこ》の勢《いきお》い——最初に使ったのは女性だった

虎に乗って走る者は、その勢いは凄まじいものの、降りることができない。降りたら最後、猛獣である虎に食われてしまうからだ。そこから、物事を始めたら、途中でやめられないことのたとえ。あるいは、やめるにやめられない激しい勢いを意味する。

この言葉を使ったのは、中国・隋の高祖文帝の妻。北周の宣帝が死去したのち、文帝は一気に権力を簒奪《さんだつ》、隋を樹立する。文帝が権力奪取をためらっていたとき、妻がこの言葉を吐いて夫を決意させた。隋の建国の背景には、女傑のこの一言があったのだ。

□巧言令色鮮《こうげんれいしょくすくな》し仁《じん》——『論語』の中に2回も出てくる言葉

「巧言」は、口先でたくみに誘うこと。「令色」はへつらうような顔つきをすること。「鮮し」は「すくなし」と読む。言葉を飾り、へつらう者には、仁の心が欠けているという意味。

孔子の『論語』の中の言葉だが、孔子はよほど重要と考えたのだろう。『論語』の中で二度もこの言葉を吐いている。逆に孔子は「剛毅木訥《ごうきぼくとつ》、仁に近し」とも語り、剛毅で飾らない性格の人を賞賛している。

□三顧《さんこ》の礼《れい》——礼を尽くしたのは、蜀の劉備

中国『三国志』の有名な故事から生まれた言葉。のちに蜀王となる劉備が、隠遁していた諸葛孔明を軍師に迎えるため、彼の住まいを訪ねること三度目で、ようやく孔明から承諾を得た。孔明を軍師とすることで、劉備は三強の一角を占めていく。

そこから上の者が特別に礼を尽くして交渉すること、さらには、ある人を特別に信任するという意味が生まれた。

□天上天下唯我独尊《てんじょうてんげゆいがどくそん》――釈迦が生まれると同時に発した言葉

「天上天下」は「てんじょうてんげ」と読み、天上の世界と地上の世界のこと。釈迦は生まれるとすぐに七歩進み、右手で天を指し、左手で地を指し、四方を顧みて、この言葉を唱えたという。多くの宗教家には伝説がつきまとうが、仏教の開祖・釈迦が超越的な赤ん坊であったことを示す伝説といえる。

意味は、もとは、宇宙のなか、個として存在する人の尊厳を意味する語だが、今は、天上の世界でもこの世でも、私はもっともすぐれた者であるという意味で使われている。

□宋襄《そうじょう》の仁《じん》――不必要な哀れみを施したのは、どんな人？

不必要な哀れみを施したがために、ひどい目にあうこと。

中国の戦国時代、宋の襄公は覇者となりつつあり、大国・楚と戦うことになった。公子である目夷は、楚がまだ陣形を整えていない今が攻めるチャンスと進言するが、襄公はこれを拒否した。襄公は、君子は人の困難につけこんで苦しめたりはしないというのだ。結局、準備を整えた楚が宋の軍勢を破り、襄公は負傷。その怪我がもとで息をひきとった。

□火《か》牛《ぎゅう》の計《けい》——どんな作戦のこと？

戦術の中の奇計の一つ。牛の角に刃物を結び付けて、尻尾には油をひたした葦の束を結び付けておく。頃合いを見て、葦の束に火をつけると、牛は熱さに驚き、暴走しはじめる。その牛を敵陣にむかって突入させるという戦術。

中国の戦国時代、斉の国の将軍・田単が採用し、燕の軍勢に大勝利を収めたといわれる。日本でも源平合戦の時代、木曾義仲が倶利伽羅峠の合戦で、平家の軍勢をこの火牛の計によって破ったといわれるが、その信憑性は低い。

□天気晴朗《てんきせいろう》なれど波高《なみたか》し――日本人には特別の意味をもつ変哲もない言葉

読んで字のごとく、空は晴れているが、風が強いため、波は高いという意味。変哲もない言葉に見えるが、日本人にとっては特別の意味を持つ。

これは、明治三八年（一九〇五）、日本海軍連合艦隊とロシア・バルチック艦隊が激突した日本海海戦のまえに、連合艦隊の参謀、秋山真之《さねゆき》（『坂の上の雲』の主人公の一人）が起草した電文の一節。天気予報文の一節を引用しただけだったが、連合艦隊がバルチック艦隊に圧勝したことで歴史に残るフレーズとなった。

□夢幻《ゆめまぼろし》のごとくなり――織田信長が愛した幸若舞の一節

幸若舞『敦盛《あつもり》』の一節。「人間五〇年化天《げてん》（下天）のうちにくらぶれば」のあとにつづき、人の命のはかないことを意味する。

この一節を有名にしたのは、織田信長と彼を題材にした小説群といえる。織田信長は、人生の大きな転換場面で、この歌を舞ったという。今川義元との桶狭間の合戦前、明智光秀の謀叛によって自決する本能寺の変のときなどに舞ったとされる。ただし、本能寺の変のときに舞ったかどうかに関しては、信頼できる史料はない。

□将《しょう》を射《い》んと欲《ほっ》すれば、まず馬《うま》を射《い》よ——唐代の詩人・杜甫の詩から

武将を弓で射ようと思ったなら、まずは狙いの人物が乗っている馬を射止めるのがよいという軍事的な教え。

そこから、目的を果たすには、周囲のものから手をつけるといいというたとえになった。もとは、中国・唐代の詩人・杜甫の詩「前出塞」の一節。そのあとには、「賊をとりこにせんとせば、まず王をとりこにせよ」とつづいている。

□泣《な》いて馬謖《ばしょく》を斬《き》る――斬ったのは諸葛孔明

処分するには惜しい愛すべき人物でも、違反があったときは、秩序や規律を守るために処分すること。中国の『三国志』に由来する成句。

馬謖は、蜀の名軍師・諸葛孔明によって抜擢を受けた将来有望な将軍だった。蜀が魏の軍勢と戦ったとき、馬謖は重要ポイントの防衛を自ら願い出て、孔明は許可した。だが、馬謖は孔明の命令に反し、敗走、蜀軍は敗北を喫した。このあと、孔明は馬謖の責任を問い、彼を死罪にするが、それは涙を流しての処分であった。

□敗軍《はいぐん》の将《しょう》、兵《へい》を語《かた》らず――最初にこの言葉を使った〝敗軍の将〟は？

この「兵」は、「兵隊」のことではなく、「兵法」を意味し、戦いに敗れた者に、兵法を語る資格はないこと。現在では、失敗した者が弁解がましいことを言うべきではないという意味で、よく使われる。中国で漢の劉邦が台頭している時代に生まれた言葉。

漢の名将・韓信が趙軍を破ったときだ。趙の敗因は、軍略家・広武君の助言を無視したことにあり、広武君は捕虜となった。韓信は広武君を手厚く遇し、燕と斉を攻略する計を尋ねた。そのとき、広武君はこの言葉を返した。

ただ、このあと、現実には広武君は韓信の求めに応じて、攻略の計を授けている。

□髀肉《ひにく》の嘆《たん》——「髀肉」って、どのあたりの肉?

「髀肉」は、太股の肉のことで、『三国志』の英雄・劉備のエピソードから生まれた言葉である。

劉備には、劉表の客将となった一時期、戦いに出ることのない平和な時期があった。ある日、劉備は厠《かわや》に立ったとき、思いのほか、太股に肉がついていることに気づく。しばらくの間、馬に乗って戦場に出ることがなかったため、内ももに肉がついていたのである。それを見た劉備は焦り、いつになったら功名を立てられるのだろうかと悲嘆に暮れる。

そこから、この言葉は手腕を発揮する機会のないことを嘆くことを意味するようになった。

□刎頸《ふんけい》の交《まじ》わり――最初に交わりを結んだのは、どんな人？

「刎頸」は、首を斬ること。その友のためなら、たとえ首を斬られても悔いのないくらい親しい交際のたとえで、中国の戦国時代に生まれた言葉。

趙の国に廉頗という名将がいたが、食客分の藺相如《りんそうじょ》の昇進をねたみ、二人の間には大きなわだかまりが生まれた。廉頗は、やがて藺相如の一言により、それが自らの認識不足と誤解であると悟り、恥じる。廉頗は藺相如に謝罪、以来、二人が友のためにはわが首をはねられてもかまわないという親密な交わりを結んだ故事から。

□孟母三遷《もうぼさんせん》の教《おし》え――なぜ、三度引っ越ししたか？

教育熱心な母親のたとえ。あるいは教育は環境が重要であるという意味。「孟母」は、中国の思想家・孟子の母のこと。孟子が生まれたとき、彼の家は墓の近くにあった。すると、孟子が墓掘人の真似をするようになったので、母は市場の近くに引っ越す。すると、今度は孟子は商人の真似をするようになったので、母はこれまた心配して学校の近くに引っ越す。すると、孟子は礼儀作法を真似るようになり、母はようやく安心したという。

□和《わ》して同《どう》ぜず――孔子が君子のふるまいとした言葉

人と仲よくつきあっても、おもねって自分の考えを曲げるようなことはしないということ。孔子の『論語』に登場し、孔子はこれを君子のふるまいと考えていた。賢い者は真の意味で人と和すことができるが、理に合わないことには迎合しないという意味。孔子はこのあとにつづけて、「小人同じて、和せず」と語っている。つまり、たいしたことのない人物は自説を曲げて雷同はしても、真の意味で人と仲良くはできないといったのだ。

□両雄並《りょうゆうなら》び立《た》たず――「両雄」の名前は？

英雄二人の共存はむずかしく、勢力争いによって、どちらかが倒れるものであること。『漢書』に「両雄とも立たず、両賢世に並ばず」とある。また『十八史略』には、「今両虎共に闘わば、その勢いともには生きず」という言葉がある。前述の趙の名臣・藺相如が趙の名将・廉頗の憎しみを買ったとき、廉頗に平常心を促すために使われた。大国・秦の脅威の前に、自分たちを虎にたとえ、二人が闘い、どちらかが倒れてしまう場合ではないと説いたが、今はこの意味では使われない。

□月日《つきひ》は百代《はくたい》の過客《かかく》にして――松尾芭蕉の『おくのほそ道』の冒頭の一節

江戸時代の俳人・松尾芭蕉の代表作は、俳諧紀行文『おくのほそ道』である。「月日は百代の過客にして」は、その冒頭を飾る言葉。「百代」は古くは「はくたい」と読み、今は「ひゃくだい」とも読むが、「ひゃくたい」は×。

意味は、「月日というのは、永久に過ぎ去っていく旅人のようなものである」ということで、「行きかふ年も又旅人なり」とつづく。ほかに「古人も多く旅に死せるあり、予もいづれの年よりか片雲の風にさそはれて漂泊の思ひやまず」という名文もある。

□一将《いっしょう》功《こう》成《な》りて万骨《ばんこつ》枯《か》る——どの戦乱の時期の言葉？

一人の成功者の陰で多くの犠牲者が出ているのに、それが忘れられがちなことへ戒めの言葉。もとは、中国・唐代の詩人・曹松《そうしょう》の七言絶句「己亥《きがいの》歳《とし》」の一節。

唐王朝の衰退期、黄巣の乱によって中国全土は乱れていた。戦乱は、将軍らにすれば栄達のチャンスであり、地方の将軍たちは兵を募った。そうして、一人の将軍が名をあげるには、多くの無名兵士の流血があった。曹松はこれを悲しみ、詩の中で「一将功成りて万骨枯る」と表現した。

□驕《おご》る平家《へいけ》は久《ひさ》しからず――『平家物語』の元ネタは、中国の『老子』

『平家物語』の有名な一節「おごれる人も久しからず」。「人」が「平家」に代わり、自分の地位を頼みとして勝手な振る舞いをしている者は、いつか滅びるという意味で使われるようになった。

ただ、『平家物語』のこの一節にも元ネタがあり、中国の『老子』に同じような言葉がある。

□邯鄲《かんたん》の夢《ゆめ》――どんな夢のこと？

栄枯盛衰のはかないことのたとえ。邯鄲は、古代中国の趙の都。沈既済《しんきせい》の『枕中記《ちんちゅうき》』によれば、廬生《ろせい》という若者が、邯鄲の宿屋で、呂翁《りょおう》という道士に出会った。廬生は、呂翁から栄耀栄華が思いのままになるという枕を借りて、眠りに落ちる。すると、そこには数々の逆境を乗り越えて栄達を極めた自分がいた。

けれども、目覚めてみると、栄華はどこにもなく、宿屋の主人の炊きはじめていた粥は、まだ煮えていなかった。そんな束の間に見た栄華の夢のはかなさをいう言葉。「一炊《いっすい》の夢」も同じ意味。

□漁夫《ぎょふ》の利《り》——この言葉の漁夫は大国・秦のこと

両者が争っているすきに、第三者が利益を横取りすること。中国・戦国時代に生まれた言葉。燕と趙が一触即発の状態になったとき、蘇代という論客が趙王に、こんなたとえ話をして無用な開戦を戒めた。

川辺でシギがハマグリをつっつき、シギとハマグリは争いに夢中になっていた。それを見た漁師は、難なくシギもハマグリも捕まえてしまう。燕と趙の争いはシギとハマグリの争いのようなものであり、大国・秦に両国がしてやられかねないと、蘇代は警告したのだった。

□少年《しょうねん》老《お》い易《やす》く学《がく》成《な》り難《がた》し――朱子学の完成者の言葉

中国・宋代の朱子（朱子学の完成者）の「偶成」と題した詩の中に登場する一節。

月日の経つのは早く、まだ若いと思っているうちに、いつのまにか老いはじめていく。一方、学問はなかなか進まない。それを考えれば、若いころから一刻も無駄にせず、学問に励まなければならないという意味。若者に勉学の大切さ、むずかしさを諭すための言葉。

□過《す》ぎたるは猶《なお》及《およ》ばざるが如《ごと》し――弟子の能力を評した孔子の言葉

行き過ぎは、不足しているのと同じくらい、よくないという意味。『論語』に登場する言葉で、「中庸」の重要性を説いた言葉である。孔子が弟子の子《し》夏《か》と子《し》張《ちょう》を比較して「子張は過ぎるし、子夏は及ばない」と評したことに由来する語。孔子は、行き過ぎる子張にも不満だったのである。

□竹馬《ちくば》の友《とも》――もとは、仲のよくない二人から生まれた言葉

「竹馬の好《よしみ》」ともいい、幼なじみのこと。中国・晋の時代に生まれた言葉だが、原典に登場する二人はあまり仲がよくなかった。

簡文帝の下、桓温という人物が権勢をふるっていた。簡文帝はこれを不愉快に思い、桓温への対抗馬として、桓温の幼なじみだった賢人・殷浩《いんこう》を登用した。殷浩はその期待に添えず、政争で敗北、桓温により左遷された。桓温にすれば、殷浩は自分の捨てた竹馬を拾って遊んだ程度の友でしかなく、殷浩が自分の下になるのは当然のことだったのだ。

□病膏肓《やまいこうこう》に入《い》る――「膏肓」って何のこと？

治療の施しようのないほど病気が重くなること。今は、趣味などに熱中

しすぎることも意味する。中国の春秋時代に生まれた言葉で、晋の景公は、重い病気にかかったとき、高名な名医・高緩を呼び寄せるが、その到着前に奇妙な夢を見る。

夢の中には、病魔となっている二人の童が現れる。彼らは、膏（心臓の下の部分）の下、肓（横隔膜）の上に隠れてしまうなら、高緩とて手が出ないだろうと語った。果して高緩の見立てでは、病魔は膏肓にあり、もはや回復の見込みはないとされた。なお、膏肓は「こうもう」ではなく、「こうこう」と読む。また「入る」を「はいる」と読まないように。

□衣《い》食《しょく》足《た》りて礼節《れいせつ》を知《し》る——今とは微妙にニュアンスが異なる言葉

生活が豊かになれば、自然に道徳心が生まれ、礼儀を知るようになるという意味。原典と思われる言葉は、古代中国の政治論文集『管子』にある。『管子』は名軍師・管仲の作と伝えられているが、その一節に「衣食足れば則《すなわ》ち栄辱を知る」とある。つまり、生活が豊かになれば、自然に名誉を重んじ、恥を知るようになるという意味。いまの「礼節を知る」とは微妙に意味が異なり、プライドに重点を置いている。

□虎穴《こけつ》に入《い》らずんば、虎子《こじ》を得《え》ず――最初に「虎子」を得た人は？

危険を冒さないことには、望むものは手に入らないという意味。中国・後漢の時代、名将・班超が語ったと、『十八史略』は伝えている。

当時、中国は匈奴の侵入に苦しみ、班超が匈奴討伐に向かった。班超は敵地にあること三十年、大きな成果を上げる。そのなか、班超は、少数で多数の敵と戦わなければならないとき、この言葉で部下を叱咤・激励した。班超は、凱旋後、勝利の秘訣を尋ねられときも、この言葉を返したという。

□渇《かっ》しても盗泉《とうせん》の水《みず》を飲《の》まず――「盗泉」は現実にあった地名

どんなに困っても、不正なことには手を出さないことのたとえ。「盗泉の水」を「盗んだ泉の水」と受け取る人も少なくないが、「盗泉」は実際にあった地名で、中国・山東省泗水県の東北にある泉。

その名が悪いところから、孔子はどんなに喉が渇いていても、盗泉の水だけは飲まなかったとされる。孔子以外にも盗泉の水を嫌がった賢人は多く、そこからしだいに現代の意味が生まれてきた。

□鶏《にわとり》を割《さ》くにいずくんぞ牛刀《ぎゅうとう》を用《もち》いん――孔子が「冗談だよ」と言った言葉

小さなことを処理するのに、大人物や大規模な方法は要らないことのたとえ。『論語』に孔子の言葉として登場するが、孔子はあとでこの言葉を撤回している。

孔子の弟子・子遊は武城の役人となり、町を立派に治めていた。それを見た孔子が、子遊に言った言葉。孔子にすれば、武城のような小さな町を治めるのに、子遊の手法はおおげさすぎると映ったからだが、子遊は孔子の教えどおりに治めているのだと反論。それには孔子も「冗談だよ」と言うしかなかったと伝えられている。

□覆水盆《ふくすいぼん》に返《かえ》らず――最初に復縁しなかった夫婦は？

一度してしまったことは、もう取り返しがつかないこと。男女の関係で、一度別れた夫婦は二度と元に戻らないこともいう。原典も夫婦の話だ。

古代中国で周王朝の繁栄をもたらしたのは、「太公望」の名で知られる呂尚だった。彼は周の文王に仕えるまえ、ずいぶん貧乏をしていて、妻は愛想を尽かし出て行った。その後、呂尚が栄達の道を歩みはじめたとき、妻は復縁を迫った。呂尚は盆から水を地面へと流し、その水を盆に戻すことができたなら再婚してもいいと語ったのだった。

□春眠暁《しゅんみんあかつき》を覚《おぼ》えず――超有名な漢詩の一節から

春の夜は短いものの、寝心地がよく、朝になっても、なかなか目が覚めないさまをいう。中国・唐代の詩人・孟浩然の詩「春暁」の冒頭にある一節。ひじょうに有名な漢詩なので、以下も紹介しておこう。

処処《しょしょ》啼鳥《ていちょう》を聞く　夜来風雨の声　花落つること知る多少

後世に残る名詩を残した孟浩然だが、出世はできず、貧窮のうちに没している。

□鞭声《べんせい》粛粛《しゅくしゅく》夜河《よるかわ》を渡《わた》る——頼山陽が川中島の合戦を描いた詩の一節

江戸後期の歴史家・文人の頼山陽が作った漢詩「不識庵《ふしきあん》機山を撃つの図に題す」の冒頭の一節。越後の上杉謙信と甲斐の武田信玄の対決した川中島の合戦を描いた詩で、「不識庵」は上杉謙信のこと。謙信率いる越後勢が夜陰に紛れ、馬を打つ鞭の音もなく、静かに川を渡るさまを描いている。日が昇り、霧が晴れるや、両軍の所在は明らかになり、戦国史上に名高い激戦がはじまる。

いまは詩吟の定番であり、「粛粛と」という言葉の響きがそれによく合う。

□破《は》竹《ちく》の勢《いきお》い――どんな戦いで使われた言葉？

とどめることができないほど、勢いの激しいさま。中国三国時代の終わり、晋（魏の後継国）が呉を倒し、国家統一を成し遂げるときに使われた言葉。晋の将軍・杜預が呉に総攻撃をかけ、春を迎えたときだ。春は長江が増水するため、作戦に不適とする将軍もいたが、そこで杜預は自軍の勢いを強調する。竹を一節割れば、あとは一直線に割れるのと同じで、いまは勢いに乗じるべきだと説いたのだ。実際、進軍を再開すると、その進撃は止まることなく、晋は、呉を滅亡に追い込んだ。

□望《ぼう》蜀《しょく》――望んだのは、どんな人？

「望蜀の嘆」ともいい、一つの望みをかなえて、さらに次の望みを持つこと。欲望のかぎりないたとえとしても使われる。漢帝国を回復した後漢の光武帝は、苦難のすえに隴西（甘粛省）を平定、このあと蜀の平定を望んだことから。実際に、その後、光武帝は蜀を征服し、希望を果たしている。

それから二世紀、後漢は滅亡、三国時代となり、魏の曹操は隴西を平定する。だが、曹操は「すでに隴を得たのだ。このうえなぜ蜀を望むことがあろうか」と、光武帝の逆をいっている。

□春秋《しゅんじゅう》の筆法《ひっぽう》――どんな書き方のこと？

『春秋』は中国の史書の一つで、孔子の作と伝えられている。そこには孔子独自の歴史批判や表現が盛り込まれるなか、小さな出来事から間接的に大局へと迫っていく筆法が特色となっている。そこから、この語は、孔子の表現した『春秋』を思わせる「厳しい批判的な態度」を意味するようになった。あるいは『春秋』の間接的な描写法と同じように、「間接的な原因から、大局としての結果に結び付けて描く筆法」を指す。

□天道是《てんどうぜ》か非《ひ》か――『史記』の司馬遷のため息交じりの言葉

司馬遷の『史記』の「伯夷伝」にある言葉。伯夷と叔斉は清く正しい生き方を貫くが、最後には餓死してしまう。そこから、作者・司馬遷が、世の中に疑問を投げかけた言葉である。善行には善で報われ、悪行には悪の報いがあるというのが、天の道であるはずなのに、現実はそうではない。悪しき者が栄えることもしばしばで、天道が正しいのか、正しくないか、甚だ迷ってしまうという意味。

第4章
ひとつ上の表現力を自分のものにするための慣用句です

◎たったひと言で、知性をさりげなく演出する①

□**綺羅星の如く**

〔**きらほしのごとく**〕　立派な人がたくさん並んでいること。「きらぼしのごとく」は誤った読み方で、「きら、ほしのごとく」と一拍区切って読むのが正しい。

□**握れば拳 開けば掌**

〔**にぎればこぶしひらけばてのひら**〕　同じ物でも、心の持ち方一つで変化することのたとえ。拳を握れば人を殴れ、開けば幼い子らを撫でられることから。

□**昼夜を分かたず**

〔**ちゅうやをわかたず**〕　昼夜の区別なくという意味。「昼夜を分かたず、研究に精根を傾ける」などと使う。

□木石にあらず

□九牛の一毛

□超弩級

□不見転

□金看板

〔ぼくせきにあらず〕　人間は、木や石とは違い、人情を解する感情豊かな動物だということ。

〔きゅうぎゅうのいちもう〕　ものの数にも入らないほど、わずかなこと。多数いる牛の一本の毛ということから。

〔ちょうどきゅう〕　桁外れの規模。この「弩（ド）」は、イギリスの巨大戦艦ドレッドノート号に由来する。

〔みずてん〕　後先を考えずに物事を行なうこと。賭博で手当たりしだいに賭けることから出た言葉といわれる。

〔きんかんばん〕　世間に向けて、堂々と示す主義や主張など。金色の文字を彫り込んだ豪華な看板から、この意味に。

◎たったひと言で、知性をさりげなく演出する②

□逢魔が時

〔おうまがとき〕 薄暗い夕方。もとは「大禍時」と書き、「厄災が起こる時刻」という意味だった。

□奈落の底

〔ならくのそこ〕 地獄の底。「奈落」は舞台の床下という意味でも使われる。なお、「奈落」は梵語で「地獄」を意味するｎａｒａｋｕに漢字を当てたもの

□梨の礫

〔なしのつぶて〕 返事がまったくないこと。投げた「礫」（小石）が返ってこないように、返事が戻ってこないことから。

□不逞の族

□抜け駆け

□社会の木鐸

□薬籠中の物

□後朝の別れ

〔ふていのやから〕　よくない連中の集まり。「不逞の輩」とも書く。

〔ぬけがけ〕　人を出し抜き、一人だけ手柄を立てようとすること。もとは、指図に従わず、勝手に敵陣に攻めかかることを意味した。

〔しゃかいのぼくたく〕　社会に警告を発し、教え導く人、物のこと。新聞のことがよくこう呼ばれる。

〔やくろうちゅうのもの〕　自分の手中にあり、自由に使えるもの。「薬籠」は薬を入れる箱のこと。

〔きぬぎぬのわかれ〕　男女が一夜をともに過ごした翌朝の別れのこと。

◎たったひと言で、知性をさりげなく演出する③

□**鬼の霍乱**

□**埴生の宿**

□**裃を着た盗人**

〔おにのかくらん〕 ふだんは元気な人も、ときには病気になること。鬼も霍乱（日射病）にかかると寝込むことから。

〔はにゅうのやど〕 土間にむしろを敷いただけのような貧しい小屋をいう。名曲『埴生の宿』はイギリスの歌曲を訳したもの。

〔かみしもをきたぬすびと〕 職権を利用して私服を肥やす役人のこと。役人以外にも使う。

□非業の死

□鰻の寝床

□木の芽時

□終夜

□燎原の火

〔ひごうのし〕　運に恵まれず、災難などに遭って、寿命をまっとうしないうちに最期を迎えること。

〔うなぎのねどこ〕　間口が狭く、奥行のある家や場所のたとえ。細長い鰻は、寝る場所も細長いだろうと思われることから。

〔このめどき〕　木々の新芽が生えだす早春の頃のこと。

〔よもすがら〕　夜が明けてしまうまで、という意味。「すがら」は、その時間が過ぎてしまうまで、終わるまでの意。

〔りょうげんのひ〕　勢いが盛んで防ぎ止めることができない様子。「燎原」は「野焼き」の別称。

□**阿弥陀かぶり**

〔**あみだかぶり**〕　帽子のひさしをあげたかぶり方。阿弥陀仏の「光背」と形が似るところから。

◎味わいがある日本語を使っていますか？①

□**雲の峰**

〔**くものみね**〕　入道雲の異称。「峰」（山の頂）のように、盛り上がる雲のこと。

□**目の正月**

〔**めのしょうがつ**〕　めったにないよいものを見ること。「目にとってめでたい正月」という意味。

□**篠突く雨**

〔**しのつくあめ**〕　激しく降る雨。篠（細い竹）を束ねて突き刺すように降る様子から。

□梅に鶯

□花の顔

□時の氏神

□波の花

〔うめにうぐいす〕　取り合わせがよいことを比喩的にいう言葉。春に咲く梅の花に、鶯がよく似合うように、という意味。

〔はなのかんばせ〕　花のように美しい顔のこと。もとは、白居易の『長恨歌』の中の表現。

〔ときのうじがみ〕　小さなもめ事や争いを仲裁するありがたい世話人のこと。「氏神」は一族でまつっている神様のこと。

〔なみのはな〕　塩のこと。「しお」が「死を」に通じるのを嫌った忌み詞。

□思案六法

□野中の一本杉

□今業平

□地の塩

□伊達の薄着

〔しあんろっぽう〕　どうすべきか大いに迷うこと。「六法」は六のことで、オイチョカブでは「六」のときには、もう一枚引くかどうかで迷うことから。

〔のなかのいっぽんすぎ〕　助けてくれる者のいない孤立無援の状態。家族も友もいないさびしい状態のこと。

〔いまなりひら〕　平安期を代表する美男子であり、和歌の名手だった在原《ありわらの》業平《なりひら》が現代に現れたような美男という意味。

〔ちのしお〕　かけがえのない地上の宝であるという意味の言葉。新約聖書のマタイ伝五章が出典。

〔だてのうすぎ〕　やせ我慢して薄着すること。一説には、伊達政宗の家来が、華美な身なりで人目をひいたことに由来。

◎味わいがある日本語を使っていますか？②

□**知らぬ顔の半兵衛**

〔しらぬかおのはんべえ〕　そしらぬふりをすること。織田と齋藤の戦いで、織田側は、齋藤方の軍師竹中半兵衛のもとにスパイを送り込むが、そしらぬ顔をした半兵衛に逆に情報を盗まれたという話から。

□**秋の日は釣瓶落とし**

〔あきのひはつるべおとし〕　秋になると、急速に日が暮れることのたとえ。「釣瓶」を井戸に放ると一気に落ちることから。

□雨夜の品定め

〔あまよのしなさだめ〕　男性たちが女性の品定めをすること。『源氏物語』の有名なシーンから。

□雑魚の魚交じり

〔ざこのととまじり〕　大物の中に小物が混じっていることのたとえ。

□垢も身の内

〔あかもみのうち〕　風呂で体をていねいに洗う人を冷やかす言葉。垢も体の一部なので、落としすぎることはないという意味。

□木に縁りて魚を求む

〔きによりてうおをもとむ〕　目的に対して、手段が見当はずれであることのたとえ。出典は『孟子』。

□山の芋が鰻になる

〔やまのいもがうなぎになる〕　人知を超えた突然変異のような現象のたとえ。身分の低い者が成り上がることのたとえとしても使われる。

□**波に千鳥**

〔**なみにちどり**〕「梅に鶯」と同様、相性がよく、絵になる組み合わせのたとえ。

◎味わいがある日本語を使っていますか？③

□**地から湧いたよう**

〔**ちからわいたよう**〕今まで姿が見えなかったものが、急に姿を現すことのたとえ。「地から湧いたか、天から降ったか」など。

□**バスに乗り遅れる**

〔**ばすにのりおくれる**〕世の動きから取り残されることのたとえ。「バスに乗り遅れるな」は、第二次世界大戦初期、ドイツ優勢の戦況をみて、三国同盟の締結を急ごうというスローガンのように使われた言葉。

□鳥も通わぬ

〔とりもかよわぬ〕　おもに、陸地から遠く離れた孤島を表す言葉。鳥も飛んで行けないほど遠いという意味。

□選ぶところがない

〔えらぶところがない〕　選んだところで意味がないという意味で、変わったところがなく、平凡で似たりよったりであるさま。程度の低い複数のものを批判する言葉。

□応接に暇がない

〔おうせつにいとまがない〕　次々と物事が起こって、対応する暇がないさま。言葉どおり、お客が次々とやって来て、応じきれないときにも使う。「先客万来で、応接に暇あらずといったありさま」など。

□先入主となる

〔せんにゅうしゅとなる〕　最初に頭に入ってきたことに考えを支配され、他の考えが浮かばなくなること。「○○が先入主となって、思いをめぐらせることができませんでした」などと使う。

□楯の半面

〔たてのはんめん〕　この世の中、物事には表も裏もあることが多いが、「楯の半面」はその片側だけを表す言葉。たとえば、「楯の半面だけでは判断できない」というと、全体像を見ないで、物事の一面だけをみて判断することはできないという意。

□美名に隠れる

〔びめいにかくれる〕　表向きの立派な評判、地位などの裏側で、悪事などが行われていること。「社会貢献の美名に隠れて、私財を蓄える」など。

□凡夫の浅ましさ

〔ぼんぷのあさましさ〕「凡夫」は一般的には平凡な人を意味するが、仏教では煩悩にとらわれ、欲に迷う者を表す言葉。「凡夫の浅ましさ」は、後者の仏教的意味の凡夫の浅ましく愚かなさまを表す言葉。

◎そういう面白い表現があったんだ！①

□家賃が高い

〔やちんがたかい〕　地位や位が実力以上に高すぎて、困るさま。「支店長ポストは、彼には家賃が高いんじゃないかな」など。とくに、大相撲では、番付が上がりすぎて、なかなか勝てないこと。「横綱大関と当たる位置は、まだ家賃が高かったね」という具合。

□同じ流れを汲む

〔おなじながれをくむ〕「同じ流れ（川）の水を汲んで飲む」ことから、同じ流派、同じ系統に属することをいう。「今は敵対しているが、もとはといえば同じ流れを汲む仲だ」など。

□己を虚しゅうす

〔おのれをむなしゅうす〕私情を捨てること。「己を虚しゅうして、忠告を受け入れる」など。

□挨拶もそこそこに

〔あいさつもそこそこに〕挨拶も十分しないほどに急いで。「挨拶もそこそこに、帰っていきましたよ」など。

□失意泰然、得意淡然

〔しついたいぜん、とくいたんぜん〕失意のときも得意のときも、ふだんと変わらないという意。二つの四字熟語をセットで使った〝八字熟語〟といえる。

□上がつかえる

〔うえがつかえる〕上の者が居座ってポストが空かず、昇

□可もなく不可もなし

□どっちに転んでも

□右を見ても
左を見ても

□泣きの涙

進を望めないさま。「うちの会社は上がつかえているからね」など。「天井がつかえる」ともいう。

〔**可もなく不可もなし**〕　平凡であるさま。いいところも（可）も悪いところも（不可）もないという意。意外にも、出典は『論語』。

〔**どっちにころんでも**〕　どちらの結果になっても。「どっちへころんでも、小社にとっては好都合と思います」など。

〔**みぎをみてもひだりをみても**〕　どちらの方向を見てもという意味。

〔**なきのなみだ**〕　涙が出るほど悲しいさま。「泣きの涙で実家を手放す」など。

□声はすれども姿は見えず

〔こえはすれどもすがたはみえず〕　声は聞こえるのだが、姿は見えない様子。

□出来立てのほやほや

〔できたてのほやほや〕　今できあがったばかりであるさま。なお「ほやほや」は、温度ではなく、やわらかさを形容する言葉。

□今に始まったことではない

〔いまにはじまったことではない〕　昔からのことであり、新しいことではないという意。おおむねネガティブな方向に使い、「彼の浮気は今に始まったことではない」など。

□初日が出る

〔しょにちがでる〕　相撲でその場所、負けつづけていた力士が、初の白星を上げること。そこから、ほかの勝負事でも初の白星を上げること。

□**読んで字の如し**

〔**よんでじのごとし**〕　そこに書いてある通りという意。「読んで字の如しだ。付け加えることは何もない」など。

◎そういう面白い表現があったんだ！②

□**朝日の昇る勢い**

〔**あさひののぼるいきおい**〕　勢いがひじょうに盛んな様子。四字熟語で表現すれば、「旭日昇天の勢い」。「朝日将軍」は、全盛時の木曽義仲の異名。

□**箸が転んでもおかしい年頃**

〔**はしがころんでもおかしいとしごろ**〕　十代後半のよく笑う年頃のこと。少女に対して使う言葉で、少年に対しては使えない。

□雨につけ風につけ

□打っちゃりを食う

□遠慮会釈もない

□思い邪なし

〔あめにつけかぜにつけ〕　雨が降るときも風が吹くときも、つねに、一年中という意味。「雨につけ風につけ、取引先に日参したかいがあったよ」など。

〔うっちゃりをくう〕　最後の最後に、逆転されること。「打っちゃり」は相撲の技の名で、土俵際で相手を後ろに投げ飛ばす逆転技であるところから、この成句に使われるようになった。「土壇場で、打っちゃりを食うとは」など。

〔えんりょえしゃくもない〕　控えめなところ（遠慮）も、挨拶（会釈）もなく、強引に物事を行うさま。「遠慮会釈もなく、上がり込んでくる」など。

〔おもいよこしまなし〕　邪念がなく、心正しいさま。

□覚悟の前

□旧に倍する

□義理が悪い

□形影相弔う

〔かくごのまえ〕　結果がどうなるかは承知し、心構えができていること。「苦戦するのは覚悟の前だ」など。「覚悟の上」と同じ意味。

〔きゅうにばいする〕　前の倍ほどにも、程度を増すさま。「旧に倍する観光客が訪れる」など。店舗移転や担当者交代の挨拶状では、「旧に倍するご愛顧のほど、お願い申し上げます」がよく使われるフレーズ。

〔ぎりがわるい〕　世間の常識、人づきあいのルールにもとるようで、後ろめたい。「親戚の法事に出ていないので、どうも義理が悪い」など。

〔けいえいあいとむらう〕　自分の形（自分自身）と影が慰め

□辞儀に余る

□死なばもろとも

□十字架を背負う

あうほどに、誰とも会わず、孤独で寂しいさま。なお、「形影相伴《ともな》う」はまったく意味の違う言葉で、形と影がつねに一緒にあるように、夫婦などがいつも一緒にいるさま。

〔じぎにあまる〕「辞儀」は頭を下げて礼をすることで、「辞儀に余る」はそれが過剰な状態。つまり、礼儀正しさの度が過ぎている、あまりにも丁重すぎるさまを指す。

〔しなばもろとも〕死ぬときは、相手も道連れにしてやるという意。時代劇などで「死なばもろとも」などと、タンカを切ったり、脅したりする言葉。「もろとも」は、漢字では「諸共」と書く。

〔じゅうじかをせおう〕消えることのない罪や苦難を受けつづけること。イエス・キリストが人々の罪を引き受け、十字架を背負ったことから。

□修羅の巷

〔しゅらのちまた〕　激しい戦いの場。「修羅の巷と化す」は、戦場など、悲惨な場になるという意。この「修羅」はインドの戦闘神、阿修羅に由来する語。

□心気を病む

〔しんきをやむ〕　憂鬱なさま。心がくさくさしている。「心気」は気分に近い意味の言葉で、「心気を病む」はあくまでいらいらした感情を表し、精神を病んでいるわけではないので注意。

□水火の争い

〔すいかのあらそい〕　「水火」は相いれないもの、仲がひじょうに悪いもののシンボル。「水火の争い」は、ひじょうに仲が悪いもの同士の戦い。「水火の仲」という言葉もある。

□進むを知りて

〔すすむをしりてしりぞくをしらず〕　進むことばかりで、

退くを知らず

場合によって退くことが必要なことを知らないさま。勢いがあるのみで、臨機応変な措置が取れないさま。要するに、猪武者の行動パターン。

◎そういう面白い表現があったんだ！③

□戦雲急を告げる

〔**せんうんきゅうをつげる**〕「戦雲」は、戦いが始まろうとする不穏な気配を「暗雲」にたとえた言葉。「戦雲急を告げる」は、戦争が始まりそうな悪い雰囲気が急激に高まるさま。

□敵本主義

〔**てきほんしゅぎ**〕「敵は本能寺にあり」に由来する言葉で、他の目的に向かっているように見せかけて、本当の目的を狙う方法。

□鉄砲玉の使い

□半面の識

□秘中の秘

□懐と相談する

〔てっぽうだまのつかい〕　使いに行ったまま帰ってこない人。鉄砲の弾がいったん発射されると、戻ってこないことから。

〔はんめんのしき〕　ちょっと顔を合わせた程度の知り合い。この「半面」は、顔の半分という意味。

〔ひちゅうのひ〕　数ある秘密のなかでも、最も大事な秘密。「秘中の秘の極意」、「秘中の秘を明かす」など。

〔ふところとそうだんする〕　自分の財布の中身を考えて判断するという意味。この「懐」は所持金のことで、「買うか買わないか、懐と相談してみるよ」など。「財布と相談」ともいう。

□名実相伴う

□以て瞑すべし

□山笑う

□暁天の星

〔めいじつあいともなう〕　名声と実力・実態が一致しているさま。「彼は、名前ばかりが先行していたが、ようやく名実相伴ってきたね」など。「名実ともに」と同様に使える言葉。

〔もってめいすべし〕　「瞑す」は安らかに死ぬことで、「以て瞑すべし」は、それによって、安心して死ねるであろうという意。「本懐を遂げたのだから、以て瞑すべきだろう」などと使う。

〔やまわらう〕　春の季語。春の山が新緑におおわれ、ひときわ明るく見えるさまを表す。なお、「山眠る」は冬の山、「山滴る」は夏山、「山装う」は紅葉した秋の山を表す季語。

〔ぎょうてんのほし〕　ひじょうに数が少ないことのたとえ。明け方には見える星の数が少ないことから。「満天の星」

とは反対の意味なので注意。

□俗に落ちる

〔ぞくにおちる〕　芸などが、俗受けする方向に向かうこと。「彼にしては、俗に落ちた作品だね」など。

□分秒を争う

〔ふんびょうをあらそう〕　一刻を争う。わずかな時間の差も重要なほど、事態が差し迫っているさま。今は、「1分1秒を争う」、「1秒を争う」という形で使うことが多い。

□書いたものが物言う

〔かいたものがものいう〕　トラブルなどが起きると、証文（書いたもの）が効力を発揮すること。口約束ではなく、証文をきちんととっておきなさいという戒めでもある。

□孫子の代まで

〔まごこのだいまで〕　後々の世まで。子や孫の代になるまでという意味。この孫子を〝ゾンシ〟と読まないように。

◎インパクトがあるお決まり表現①

□総論賛成、各論反対

□自明の理

□言うだけ野暮

□お座敷がかかる

〔そうろんさんせい、かくろんはんたい〕　全体としては賛成だが、自分に利害がおよぶ点では反対という意。「総論賛成、各論反対で改革がいっこうに進まない」など。

〔じめいのり〕　わかりきっていること。説明するまでもないこと。「それ自身ですでに明らかな論理」という意味。

〔いうだけやぼ〕　今さら口にするのも馬鹿げている。

〔おざしきがかかる〕　宴会・会合などに招かれる。もとは芸者が宴席に呼ばれること。

□公然の秘密

〔こうぜんのひみつ〕　建前としては秘密とされているものの、誰もが知っている事柄。「あの二人の関係は公然の秘密だから」など。

□先祖返り

〔せんぞがえり〕　進化の過程で、生物の体から一度は消えた器官などが、子孫に突然現れること。そこから、組織などが一度は脱け出した昔の状態に戻る様子を表すことも。

□暗黒時代

〔あんこくじだい〕　明るい光の差さない暗闇のような時代。最悪の時代。文明が花開く前の時期、悪政が続いた時期、戦乱期、業績不振の時期など、いろいろな意味に用いる。

□今日という今日

〔きょうというきょう〕　「今日こそ」を強調した語。「今日と

□分別の外

□言わず語らず

□縦から見ても横から見ても

□物は相談

□身過ぎ世過ぎ

いう今日は、借金を取り立ててやる」など。

〔ふんべつのほか〕　分別を越えたところ。おもに、恋心を指す。

〔いわずかたらず〕　言葉では表現しないさま。「言わず語らず、目顔で伝える」など。

〔たてからみてもよこからみても〕　どこから見てもという意味で、ポジティブな形容に使うのが本来の使い方。なお、「縦の物を横にもしない」は、面倒がって何もしないさま。

〔ものはそうだん〕　相談すればうまくいくかもしれないと、相手に相談を持ちかけるときに口する言葉。「物は相談ですが」など。

〔みすぎよすぎ〕　生活する手段。「身過ぎ世過ぎのための仕事」など。

◎インパクトがあるお決まり表現②

□煽りを食う

□お役御免

□天の助け

〔**あおりをくう**〕　衝撃を受ける。影響を受ける。この「煽り」は強風を受けるようなという意味。

〔**おやくごめん**〕　官職などを辞めること。仕事を辞めさせられること。「このたび、お役御免となりまして」など。

〔**てんのたすけ**〕　天が味方をしてくれること。今では、天候変化が有利に働いたときに使われることが多く、「雨が降り、ノーゲームになるとは、まさしく天の助け」など。

□義理のしがらみ

□借金を質に置く

□風を望む

□真砂の数

〔ぎりのしがらみ〕　義理に縛られ、思うように動けないさま。しがらみは「柵」と書き、本来は、川の中に打ちこんで、水の流れをせき止める杭のこと。

〔しゃっきんをしちにおく〕　どんな犠牲を払っても、という意。借金を質草にできるはずもないが、それくらいの無理をしてもという強調表現。「借金を質に置いても、手に入れたい品」など。

〔ふうをのぞむ〕　仰ぎ慕うこと。遠くにあって、私淑する。また、相手の勢いをうかがうという意味でも使われる。

〔まさごのかず〕　真砂は砂粒のことで、ひじょうに多いこと。また「真砂の種《たね》」は、砂粒ほど多数の材料があることで、

「世に真砂の種は尽きまじ」という言い回しで使われる。

□松がとれる

〔まつがとれる〕　松の内が過ぎ、門松がはずされること。今は1月7日までを「松の内」とすることが多い。かつては1月15日まで。

□お釈迦様でも気がつくまい

〔おしゃかさまでもきがつくまい〕　お釈迦様のような、知恵のある人でも気づかないという意。つまり、誰も気づかないだろうという意味。

□遠からん者は音にも聞け

〔とおからんものはおとにもきけ〕　武士が戦場で名乗りを上げるときの最初のフレーズ。「近き者は目にも見よ」と続く。

□朝日に霜

〔あさひにしも〕　はかないこと、消えやすいことのたとえ。霜が下りていたとしても、朝日が昇ればすぐに溶けてしまうことから。

□乗りかかった船

〔のりかかったふね〕　物事にいったん関わりをもつと、途中で身を引くのが難しいさま。船はいったん乗ると、次に陸につくまで下船できないことから。

□嚢中に物を探るが如し

〔のうちゅうにものをさぐるがごとし〕　袋の中（嚢中）の物を手で探るように、簡単にできることのたとえ。

□夏の小袖

〔なつのこそで〕　小袖は綿入りの冬着のことで、「夏の小袖」は、時期はずれで、役に立たないもののたとえ。「夏炉冬扇」と同じ意味。

□既往は咎めず

〔きおうをとがめず〕　すでに起きてしまったことは咎めないという意味。「既往」は過去、過去の事柄。

◎インパクトがあるお決まり表現③

□口耳の学

□左の通り

□一簣の功

〔こうじのがく〕　自分の考えに乏しい、受け売りの知識。耳から聞いたばかりのことをすぐ口にすることから。

〔さのとおり〕　文章の左、つまり縦書きの文書では次の行に書いてあること。「以下の通り」と同じ意味。

〔いっきのこう〕　完成直前の最後の努力の大切さを意味する。土を盛るとき、最後の「簣」（もっこのこと）一杯分の土が大切なことから。

□闇夜に烏雪に鷺

〔やみよにからす ゆきにさぎ〕　周囲のものと、区別しにくいことのたとえ。見当がつけにくいことにも使う。

□千慮の一失

〔せんりょのいっしつ〕　賢く、思慮分別のある人でも、ひとつぐらいは考え違いをしたり、失敗をするというたとえ。

□洛陽の紙価を高める

〔らくようのしかをたかめる〕　本がよく売れること。中国の晋で、大勢が評判の本を書き写そうとしたため、紙価が高騰したという故事に由来。

□天馬空を行く

〔てんばくうをいく〕　考え方や行動が自由奔放なこと。天馬が大空を駆ける様子にたとえたもの。「てんま」や「そらをいく」と誤読しないように。

□干天の慈雨

〔かんてんのじう〕　干天（日照り）が続いたときに降る慈雨

（恵みの雨）。そこから、苦しいときに差し伸べられる救い。

□灯火親しむべし

〔とうかしたしむべし〕　気候のいい秋の夜長は、灯火のもとで読書をするのに最適という意。中国故事から。

□無聊をかこつ

〔ぶりょうをかこつ〕　退屈を持て余すこと。「聊」は楽しみ。それが無く、退屈で困る様子。

□烏有に帰す

〔うゆうにきす〕　何もかも失うという意。この「烏」はカラスではなく、「いずくんぞ」という意。

□門前雀羅を張る

〔もんぜんじゃくらをはる〕　人が訪ねてこなくて、ひっそりしていること。建物の門前で雀捕りの網を張れるほど、人がいないという意。

□門前市の如し

〔もんぜんいちのごとし〕　家に出入りする人が多いことのたとえ。まるで市場のように、人や車馬が群がっているという意味。

□内兜を見透かす

〔うちかぶとをみすかす〕　相手の隠された弱味や事情を見抜き、つけこむこと。内兜は兜の目庇（鉢のひさし）の内側のこと。

◎どの「場所」か、ズバリ言えますか？

□言挙げせぬ国

〔ことあげせぬくに〕　日本の美称。あれこれと言い争わない平穏な国であるという意味。

□言霊の幸う国

□揺籃の地

□教えの庭

□戦いの庭

□七つの海

〔ことだまのさきわうくに〕　日本のこと。言葉に秘められた霊力の働きで、豊かに栄える国という意味。

〔ようらんのち〕　事業などが発生、発展した土地。「揺籃」はゆりかごのこと。

〔おしえのにわ〕　学校。学問を教える場。『あおげば尊し』の歌詞にも出てくる言葉。

〔たたかいのにわ〕　戦場のこと。「戦いの庭に出向く」など。

〔ななつのうみ〕　世界中の海。南太平洋、北太平洋、南大西洋、北大西洋、インド洋、南極海、北極海の七つ。「七つの海を股にかけて航海する」など。

□板東太郎
〔ばんどうたろう〕　利根川のこと。板東（関東地方）にある一番（太郎）の川という意味。

□女坂
〔おんなざか〕　二つの坂道のうち、ゆるやかな方。おもに、神社や寺への参道に対して使う。急な方の坂道は「男坂」。

□墳墓の地
〔ふんぼのち〕　先祖代々の墓がある土地。故郷。「定年後、墳墓の地に戻る」など。

◎どういう「人」か、ズバリ言えますか？

□狐と狸
〔きつねとたぬき〕　海千山千の曲者《くせもの》どうし。どちらも、人をだます動物とされることから。「狐と狸の化かし合い」など。

□手の者

□日の下開山

□剛の者

□共白髪

〔てのもの〕　配下の者。なお「手の物」と書くと、手にしたもの。さらに「お手の物」は得意とする専門分野や芸のこと。

〔ひのしたかいざん〕　横綱の異称。「日の下」は天下、「開山」は本来は開祖という意味。天下一強いという意を含む。

〔ごうのもの〕　もとは、力の強い武者を表す語。そこから、ある分野で優れている人物、強者のことを意味するようになった。「聞きしにまさる剛の者」など。

〔ともしらが〕　夫婦二人とも長命であること。夫婦ともに長生きをし、ともに白髪になること。「共白髪になるまで」など。

□委細承知之助

□男一匹

□神ならぬ身

□無告の民

□子供の使い

〔いさいしょうちのすけ〕　すべて承知していることを、人名になぞらえた言葉。なお「合点承知助」は、すべてを承知していること。

〔おとこいっぴき〕　一人前の男子であることを強調していう語。「男一匹、どこでも生きていけるよ」など。

〔かみならぬみ〕　神ではなく、能力に限界のある人間であること。「神ならぬ身、知る由《よし》もない」など。

〔むこくのたみ〕　自分の苦しみを誰にも告げることもできない人民。おもに、幼児や虐げられた女性、老人などの弱者を指す。なお「無辜《むこ》の民」は罪のない人々。

〔こどものつかい〕　役に立たない使い。要領を得ない使い。

□死の商人

□粒選り

□万乗の君

□莫逆の友

「子供の使いじゃないんだから」など。

〔しのしょうにん〕　武器商人のこと。中世のヨーロッパで、武器商人が敵味方をかまわず、武器を売りこんだことに由来する言葉。

〔つぶより〕　多くの中からとくに選ばれた、優れた物や人。「粒選りの選手」など。

〔ばんじょうのきみ〕　天子を表す言葉。この「乗」は兵車のことで、昔、天子の領内には、一万台もの兵車が備えられていたことから。

〔ばくげきのとも〕　互いに心が逆うことのない、親友同志を形容する言葉。「ばくぎゃくのとも」とも読む。

◎何を指しているかわかりますか？

□**桐壺源氏**

□**刺し身のつま**

□**眠れる獅子**

〔**きりつぼげんじ**〕「桐壺」は『源氏物語』の最初の巻。大長編の『源氏物語』を読みはじめたものの、最初の巻で投げ出してしまうこと。

〔**さしみのつま**〕刺し身に添える海草や野菜。そこから、重要なもののに付き従う、重要ではないもののたとえに。「これじゃ、まるで刺し身のつまだよ」など。漢字で書くと「妻」だが、ふつう仮名書きにする。

〔**ねむれるしし**〕本来は力がある者が、眠っているように

□野中の一軒家

□文明の利器

□甘露の雨

□黒い霧

力を発揮していない状態。十九世紀前半、阿片戦争以前の中国（清）がこう呼ばれていた。

〔のなかのいっけんや〕　野っ原にぽつんと一軒だけ建っている家。「野中の一軒家じゃないんだから、静かにしなさい」など。

〔ぶんめいのりき〕　「利器」は便利な道具という意味で、文明の発達によって誕生した便利な道具のこと。

〔かんろのあめ〕　草木をうるおす雨。恵みの雨。「甘露」は、古代中国で、君主が善政をしく前兆として天から降るとされた甘い露のこと。

〔くろいきり〕　陰謀や汚職などが行われていそうなさま。

□因果の小車

□玉梓

□そよとの風

□山海の珍味

昭和三十年代、松本清張著の『日本の黒い霧』の題名から生まれた言葉。

〔いんがのおぐるま〕　因果がめぐるさま。その回転の速さを小さな車にたとえた言葉。「こぐるま」ではない。

〔たまずさ〕　手紙の優雅な言い方。「玉章」とも書く。使者が「梓」の木に手紙を結びつけて持参したことから。

〔そよとのかぜ〕　わずかな風。「そよとの風も吹かない」など。

〔さんかいのちんみ〕　山や海でとれた豪華な御馳走。「テーブル狭しと並んだ山海の珍味」など。

◎まだまだ〝死語〟になっていない古風なことば①

□推して知るべし

〔おしてしるべし〕　これまでの事実や経緯から推察すれば、簡単にわかる、という意。

□お為ごかし

〔おためごかし〕　相手のためであるように装いながら、実際には自分の利益を図ること。「おためごかしを言うな」など。

□及ばずながら

〔およばずながら〕　十分ではないが。ゆきとどきませんが。「およばずながら、協力させていただきます」など。

□事あれかし

□筆のすさび

□水茎の跡

□由無し事

□有らん限り

〔ことあれかし〕　何か事件が起きてくれないかと待ちわびる様子や気持ち。「事あれかしと願う」など。

〔ふでのすさび〕　思いつくままに、遊び半分で書くこと。すさびは「遊び」と書く。

〔みずくきのあと〕　筆跡、あるいは手紙のこと。「水茎」は筆の美称として使われ、その跡なので筆跡や手紙のことになる。

〔よしなしごと〕　とりとめのないこと。「由無し事を書き綴る」など。

〔あらんかぎり〕　あるだけ全部。持っているものすべて。「有らん限りの資金を投じる」など。

□有りや無しや

□生きとし生けるもの

□いざさらば

□千も万もいらぬ

□あたら花と散らす

〔ありやなしや〕　あるのか、ないのか。あるいは、目立たないさま、あるのかないのか、わからないくらいという意。

〔いきとしいけるもの〕　生きているものすべて。

〔いざさらば〕　今は「では、さようなら」という意味に使われるが、もとは「では、それならば」と、何かを始めようと促すときの言葉。

〔せんもまんもいらぬ〕　あれこれ言う必要はない。千言も万言も費やす必要はないという意味。

〔あたらはなとちらす〕　若い人が早死にしたときに悼む言葉。

◎まだまだ〝死語〟になっていない古風なことば②

□言うもさらなり

〔いうもさらなり〕　言うまでもないという意味。

□糸竹の道

〔いとたけのみち〕　音楽に関係する芸道を指す。糸は三味線や琴などの弦楽器、竹は笛や尺八などの管楽器を表している。「糸竹」は「しちく」とも読むが、「の道」と続く場合は訓読みにする。

□灰になるまで

〔はいになるまで〕　生きている間はずっと。死んで火葬され、灰になるまでという意。

□日に新たなり

□苦しゅうない

□腰の物

□死一等を減じる

□有体に申しますと

□今はこれまで

〔ひにあらたなり〕　日ごとに新しくなる。

〔くるしゅうない〕　さしつかえない。昔、殿様や武士が目下に対して使った言葉で、今は冗談めかして用いられる。

〔こしのもの〕　刀のこと。侍が腰に刀をさしていたことから。「腰の物にかけても、恥辱ははらす」など。

〔しいっとうをげんじる〕　極刑である死罪よりは軽い次に重い刑罰を与えること。

〔ありていにもうしますと〕　ありのままを申し上げますと。「有体に申しますと、この値段では難しいかと」など。

〔いまはこれまで〕　死や負けが避けられないものと腹をく

くったときに言う言葉。

□御目文字いただく

〔**おめもじいただく**〕　お目にかかる。御目文字は、杓文字、湯文字などと同様、後ろに「文字」をつける女房詞。

□定めなき世

〔**さだめなきよ**〕　いつどうなるかわからないこの世の中。無常で、はかない世。

◎〝古めかしい〟けど、おさえておきたい日本語

□同日の談ではない

〔**どうじつのだんではない**〕　比べものにならないほどの大きな違いがあること。『史記』の「日を同じくして論ぜず」という言葉から。

□日ならずして

□顧みて他を言う

□卒爾ながら

□間然する所がない

〔ひならずして〕　いく日もたたないうちに、遠からずという意味。「日ならずして明らかになるだろう」など。

〔かえりみてたをいう〕　自分に都合が悪くなったとき、話題をすりかえてその場逃れをすること。春秋戦国時代の故事から。

〔そつじながら〕　突然で失礼ですが、という意味になる。「卒爾ながら申し上げます」などと使って、唐突さを和らげるための語。

〔かんぜんするところがない〕　一部のすきもないこと。「間然する所がない計画だ」など。

□豈図らんや

□端倪すべからず

□心胆を寒からしむ

□巻措くあたわず

〔あにはからんや〕　「どうして（そんなことを）想像しえようか」という意。「豈」は漢文で「どうして、できようか」という意味で用いる語。

〔たんげいすべからず〕　全貌が測り知れないこと。「端」は始まり、「倪」は果てで、始めと終わりが見えないという意。

〔しんたんをさむからしむ〕　肝っ玉を縮み上がらせるほどゾッとさせるという意味。「心胆」は肝っ玉、「寒からしむ」は寒くさせること。

〔かんおくあたわず〕　書物（巻）を置く（措く）ことができないほど、書物にひきつけられること。「巻」は巻物、書物全般を表す。

◎この「故事成句」の使い方、知っていますか？①

□出師の表

〔すいしのひょう〕　蜀の諸葛孔明が出兵に当たって書いた忠誠心あふれる名文。「出師」は出兵のこと。

□兵は詭道なり

〔へいはきどうなり〕　孫子の兵法にある「軍略とは、敵の裏をかく謀略なり」という意味の言葉。「詭道」は「人を欺く方法」のこと。

□殷鑑遠からず

〔いんかんとおからず〕　悪い手本（鑑）はすぐ近くにあるという意味。殷が夏（殷のすぐ前の王朝）と同じように悪政によって国を滅ぼしたことから。

□韓信の股くぐり

□会稽の恥を雪ぐ

□城下の盟

□百年河清を待つ

〔かんしんのまたくぐり〕　将来に大望を抱く者は、目先の小さな恥を耐え忍ばなければならないという意味。「韓信」は中国・漢の名将。

〔かいけいのはじをそそぐ〕　屈辱を晴らすこと。越王勾践が会稽山での敗北の屈辱を後に晴らした故事による。

〔じょうかのめい〕　「じょうかのちかい」とも読み、敗れた者が屈辱的な条約を結ばされること。戦いに負けたことによって自分の国の城を開き、そのもとで、結ばされた条約という意味。

〔ひゃくねんかせいをまつ〕　どれだけ待ってもありえないこと、望みがかなわないこと。この河は、いつも黄色く濁っ

□日暮れて道遠し

□後生畏るべし

□奇貨居くべし

ている中国の黄河のこと。

〔ひくれてみちとおし〕　日が暮れても、まだ目的地ははるか遠くにあること。そこから、努力し続けても目的が達成できないという意味になった。

〔こうせいおそるべし〕　後輩はやがて自分に追いつき、追い越すかもしれない。だから、侮ってはならないという『論語』の教え。

〔きかおくべし〕　利益を生みそうな珍しいものは手に入れておけ、つまりチャンスを逃すなという意。「奇貨」は珍しい財貨。中国『史記』の故事から。

◎この「故事成句」の使い方、知っていますか？②

□逆鱗に触れる

□虎口を逃れる

□背水の陣

〔げきりんにふれる〕　目上の人を激しくおこらせること。竜の顎の下にある逆さ向きの鱗に触れると、竜が怒るという故事から。

〔ここうをのがれる〕　危険な状態を脱すること。「虎口」は、きわめて危険な場所や状態のたとえ。

〔はいすいのじん〕　後に引けない状態に自らを追い込むこと。漢の名将韓信がわざと川を背にして布陣した故事から。

□塗炭の苦しみ

□嚢中の錐

□匹夫の勇

□氷炭相容れず

□糟粕を嘗める

〔とたんのくるしみ〕　泥と火の中にいるようなひどい苦しみ。「塗炭」は泥と火を表す。

〔のうちゅうのきり〕　優れた人物は自然と外に現れることのたとえ。錐を袋に入れると、突き破って表に出ることから。

〔ひっぷのゆう〕　血気にはやってむやみに行動するだけの勇気。「匹夫」は身分の低い男のこと。

〔ひょうたんあいいれず〕　氷と炭のように性質が違い、調和しないこと。

〔そうはくをなめる〕　先人の真似をして、進歩が見られないこと。「糟粕」は酒かす。よいところを取り去った残りかすという意。

□青雲の志

〔せいうんのこころざし〕　立身出世しようという志。「青雲」は遠いところにあることから、地位などが高いという意味もある。

□光陰矢の如し

〔こういんやのごとし〕　月日の経つのがひじょうに早いこと。「光」は日、「陰」は月で、「光陰」で月日、歳月を表す。

◎この「故事成句」の使い方、知っていますか？③

□快刀乱麻を断つ

〔かいとうらんまをたつ〕　難しい問題を鮮やかに解決すること。もつれた麻（乱麻）を快刀で断ち切るように、という意。

□鼎の軽重を問う

〔かなえのけいちょうをとう〕　上の者の力を疑い、その地位を覆そうとすること。心おごった王が、宝器・九鼎の軽重を問うた故事から。

□禍福は糾える縄の如し

〔かふくはあざなえるなわのごとし〕　幸福と不幸は表裏一体ということのたとえ。災いと福は、縄を縒り合わせたように変転するという意味。

□眼光紙背に徹す

〔がんこうしはいにてっす〕　書物を読み、深い意味まで見抜くこと。目の光が紙の裏まで突き抜けるという意味。

□艱難汝を玉にす

〔かんなんなんじをたまにす〕　人は苦労や困難（艱難）を乗り越えてこそ、立派な人間（玉）になれるという意味。

□砂上の楼閣

〔さじょうのろうかく〕　土台がしっかりしていないため、

□掌中の珠

□他山の石とする

□頂門の一針

□天網恢々疎にして洩らさず

崩れやすい物ごとのたとえ。

〔しょうちゅうのたま〕　自分が一番大切にしているもののたとえ。「掌中」は手の中、「珠」は宝石のこと。

〔たざんのいしとする〕　他人のよくない言行も、自分を磨くのに役立つ材料になるので参考にすること。

〔ちょうもんのいっしん〕　人の急所をおさえる戒めのこと。「頂門」は頭の上、「一針」は針を刺すこと。

〔てんもうかいかいそにしてもらさず〕　悪事を働けば、いつかは報いを受けるという意。「天網」は天が張りめぐらした網のこと。

第5章

日本人なら知っておきたい「ことわざ」だけ集めました

この章は、おなじみのことわざの一部分を□にしてあり、その□には、ことわざの核心ともいえるキーワードが入ります。□に入る言葉を思い浮かべながら、あなたのことわざ力をチェックしてください。

◎どんな「動物」が入っている？

蛇《じゃ》の道《みち》は□

〔蛇（へび）〕 同類の者のことは、同類のものがよく知っていることのたとえ。大蛇の通る道は、小さな蛇もよく知っているというところから。

窮鼠《きゅうそ》□を噛《か》む

〔猫（ねこ）〕 鼠でも追い詰められると猫に噛みつくように、窮地におちいれば、弱者も強者に反撃するというたとえ。

立《た》つ□後《あと》を濁《にご》さず

柳《やなぎ》の下《した》に□□は居《お》らぬ

瓢箪《ひょうたん》で□をおさえる

捕《と》らぬ□の皮算用《かわざんよう》

〔**鳥（とり）**〕　立ち去る者は、後が見苦しくないよう、きちんと後始末をしておくべきというたとえ。「飛ぶ鳥後を濁さず」は間違い。

〔**泥鰌（どじょう）**〕　いつも同じ方法で、うまくいくとはかぎらないことのたとえ。泥鰌がつねに同じ場所で捕れるわけではないことから。

〔**鯰（なまず）**〕　つかみどころがなく、要領を得ないこと。瓢箪で鯰をおさえようとしても、すり抜けられてしまうことから。

〔**狸（たぬき）**〕　確実でないことを当てにして考えるという意味。まだ捕ってもいない狸の皮がいくらで売れるか考えても無意味なことから。

□の穴から
堤《つつみ》も崩《くず》れる

□□の川流《かわなが》れ

□は甲羅《こうら》に
似《に》せて穴《あな》を掘《ほ》る

□の面《つら》に小便《しょうべん》

虻《あぶ》□取らず

〔蟻（あり）〕　ささいなことが、大きな災いを招くこともあるというたとえ。蟻の空けた小さな穴が原因で、堤が崩れることもあるという意味。

〔河童（かっぱ）〕　どんな達人も失敗することがあるというたとえ。泳ぎが得意な河童も、ときには水に流されることから。

〔蟹（かに）〕　人は、それぞれの能力や身分に応じた願望を抱いたり、行動をとったりするものだということのたとえ。

〔蛙（かえる）〕　他人に怒られたり、責められても、平然としている人のたとえ。蛙が至って無表情であることから。

〔蜂（はち）〕　欲をかくと、何も手に入れられないという戒め。虻と蜂の両方をとろうとすると、どちらもとれないことから。

□の甲《こう》より年《とし》の劫《こう》

〔亀（かめ）〕　長年の経験が大切なことのたとえ。「劫」はもとは仏教用語できわめて長い時間を指す。

◎どんな「食べもの」が入っている？

腐《くさ》っても□

〔鯛（たい）〕　本当にすぐれているものは、多少落ち目になっても価値があることのたとえ。

羹《あつもの》に懲《こ》りて□を吹《ふ》く

〔膾（なます）〕　何かに懲りて、慎重になりすぎてしまうこと。「羹」は、肉や野菜を具にした吸い物のこと。

棚《たな》からぼた□

□は殿様《とのさま》に焼《や》かせよ

敵《てき》に□を送《おく》る

□□に塩《しお》

〔餅（もち）〕　思いがけない幸運に出会うことのたとえ。神棚に供えていたぼた餅がうまい具合に落ちてきたという意。

〔魚（さかな）〕　魚は、おっとりした殿様のように、ゆっくり時間をかけて焼くと、中まで火が通り、おいしくなるという意。

〔塩（しお）〕　困っている敵をわざわざ助けること。戦国時代、上杉謙信がライバルの武田信玄に塩を送ったという美談に由来。

〔青菜（あおな）〕　元気だった者が、ささいなきっかけでシュンとなること。青菜に塩を振るとクタッとなることから。

□の頭《あたま》も信心《しんじん》から

鬼《おに》も十八《じゅうはち》
□□も出花《でばな》

□に釘《くぎ》

新《あたら》しき□は
新《あたら》しき皮袋《かわぶくろ》に

〔鰯（いわし）〕　鰯の頭のようなものでも信仰の対象になるほど、信仰とは不思議なものだという意味。

〔番茶（ばんちゃ）〕　どんな女の子でも年頃には相応にきれいに見えるという意味。安い番茶でも淹《い》れたてはおいしいことから。

〔糠（ぬか）〕　何の効果も手ごたえもないこと。いくら忠告しようが、聞き入れてもらえないときなどに使われる。

〔酒（さけ）〕　新しい考えを取り入れるには、取り入れる側にも新たな心構えが必要という意味。出典は新約聖書の「マタイ伝」。

◎堂々と使えるようにしておきたいことわざ

雨《あめ》降《ふ》って□固《かた》まる

憎《にく》まれっ子《こ》□に憚《はばか》る

知《し》らぬが□

〔地（じ）〕　何か問題があった後は、かえって物事が落ち着き、よくなることのたとえ。雨の後は、地面が固くしまることから。

〔世（よ）〕　人から憎まれるくらいの人間のほうが、世間ではかえって幅をきかせるものだという意味。

〔仏（ほとけ）〕　知っていれば腹が立つことも、知らなければ穏やかな気持ちでいられるという意味。

弘法《こうぼう》も□の誤《あやま》り

情《なさ》けは□のためならず

□も歩《ある》けば棒《ぼう》に当《あ》たる

身《み》から出《で》た□

瓢箪《ひょうたん》から□

〔筆（ふで）〕　どんな名人にも失敗はあるということのたとえ。弘法大師（空海）ですら、文字を書き誤ったことから。

〔人（ひと）〕　人に情けをかけるのは、相手のためになるばかりでなく、いつかは自分のためになるという意味。

〔犬（いぬ）〕　今は「無駄と思える行動でも、思いがけない幸運に出会えるかもしれない」という意味で使われている。もとは、用もないのにうろうろ出歩くと、災難に遭うという戒め。

〔錆（さび）〕　自分の行いが原因で災いをこうむること。日本刀の刀身（身）は、手入れを怠ると錆びやすいことから。

〔駒（こま）〕　思いもよらないことが現実に起きたり、意外なところから意外なものが現れることのたとえ。駒は馬の

焼《や》け石《いし》に□

□□は口《くち》に苦《にが》し

□は餅屋《もちや》

□折《お》り損《ぞん》のくたびれ儲《もう》け

こと。

〔水（みず）〕　少々のことでは、効果があがらないことのたとえ。熱く焼けた石に多少の水をかけても冷えないことから。

〔良薬（りょうやく）〕　他人の忠告は、聞きづらいものであるという意味。効き目のある薬ほど、苦くて飲みにくいことから。

〔餅（もち）〕　物事は専門家にまかせるのがいいということのたとえ。餅をつくるのは餅屋が一番上手という意味。

〔骨（ほね）〕　努力をしたのに、効果が上がらず、ただ疲れること。無駄な努力のたとえ。

◎自信をもって使えるようにしたいことわざ

出《で》る□は打《う》たれる

□□下暗《もとくら》し

口《くち》は禍《わざわい》の□

〔**杭（くい）**〕　他人より優れていたり、目立つものは、妬まれ、足を引っ張られやすいことのたとえ。「出る釘は打たれる」ではない。

〔**灯台（とうだい）**〕　この「灯台」は、岬の灯台ではなく、室内用照明器具の「燈台」のこと。そのすぐ下は陰になって暗いことから。

〔**門（もん）**〕　言葉に気をつけないでいると、思わぬ禍を招くことがあるということを戒める言葉。この「門」を「かど」

と読まないように。

〔釣鐘（つりがね）〕　釣り合いがとれないこと。提灯と釣鐘は、形は似ているが、重さはまったく違うところから。

〔涙（なみだ）〕　鬼のように、冷酷非道な人間でも、ときにはやさしい気持ちをみせることのたとえ。

〔鉄（てつ）〕　伸びる力がある若いうちに鍛練することが重要という意味のたとえ。

〔蜂（はち）〕　悪いことが重なることのたとえ。泣いているところを、さらに蜂に刺されるという意味。

〔小田原（おだわら）〕　長引くばかりで結論がでない話合

提灯《ちょうちん》に□□

鬼《おに》の目《の》にも□

□は熱《あつ》いうちに打《う》て

泣《な》き面《つら》に□

□□□評定《ひょうじょう》

い。豊臣秀吉に攻められた小田原・北条家が城内で議論ばかりしていたという故事から。

破《わ》れ□に綴《と》じ蓋《ぶた》

〔鍋（なべ）〕　どんな人にもそれなりにふさわしい相手はいるということ。「破れ鍋」はヒビの入った鍋。「綴じ蓋」はこわれた部分を修繕した（綴じた）蓋。

馬《ま》子《ご》にも□□

〔衣装（いしょう）〕　どんな者でも、衣装を整えれば立派に見えることのたとえ。馬子は、馬に人や荷物を乗せて運ぶ職業。「孫にも衣裳」と書かないように。

帯《おび》に短《みじか》し□に長《なが》し

〔襷（たすき）〕　帯にするには短すぎ、襷には長すぎて、中途半端で役立たないという意味。

◎ビジネスパーソンが外せないことわざ

雨垂《あまだ》れ□を穿《うが》つ

一銭《いっせん》を笑《わら》う者《もの》は□□に泣《な》く

石《いし》の上《うえ》にも□□

〔**石（いし）**〕　努力し続ければ、やがては成功につながるという意味。雨垂れでも、長い年月のうちには、石に穴をあけることから。

〔**一銭（いっせん）**〕　少額だからとお金を粗末にする者は、いつかはわずかな金額のために泣くはめになるという意味。

〔**三年（さんねん）**〕　何事でも、それぐらいの間は辛抱しなさいということを象徴的に言った言葉。

商《あきな》いは□の涎《よだれ》

□高《たか》きが故《ゆえ》に貴《たっと》からず

下手《へた》な□□も数《かず》撃《う》てば当《あた》たる

稼《かせ》ぐに追《お》い付《つ》く□□なし

□□を叩《たた》いて渡《わた》る

〔牛（うし）〕　商売は、牛の涎が細長く尾を引くように、気長に続けることが大事という教え。

〔山（やま）〕　山は高いからではなく、樹木が茂っているから価値があるという意味。見かけにだまされずに、実質を見きわめよという戒め。

〔鉄砲（てっぽう）〕　下手でも成算がなくても、数をこなしているうちに、成功することもあるという意味。

〔貧乏（びんぼう）〕　真面目に働いていれば、お金に困ることはないという教え。

〔石橋（いしばし）〕　用心を重ねることのたとえ。石橋でさえ、叩いて安全を確かめ、渡ることから。

◎どんな「数字」が入っている？

仏《ほとけ》の顔《かお》も□□

桃栗三年柿《ももくりさんねんかき》□□

百聞《ひゃくぶん》は□□に如《し》かず

〔三度（さんど）〕　どんなに温厚な人でも、何度も嫌なことをされると、最後には腹をたてるという意味。

〔八年（はちねん）〕　物事の成就には相応の時間がかかることのたとえ。種をまいてから実がなるまでに、それだけの時間がかかるという意味。

〔一見（いっけん）〕　知識は、人の話を百回聞くより、自分の目で一度見るほうが確実だということのたとえ。出典は中国の『漢書』。

丸《まる》い卵《たまご》も切《き》りようで□□

早起《はやお》きは□□の徳《とく》

雀《すずめ》□まで踊《おど》り忘《わす》れず

三《み》つ子《ご》の魂《たましい》□まで

六日《むいか》の菖蒲《あやめ》、□□の菊《きく》

〔四角（しかく）〕 穏やかに話せば、円満に収まることも、いい方によっては角が立つことのたとえ。

〔三文（さんもん）〕 朝早く起きると、多少の得があること。

〔百（ひゃく）〕 幼い頃に身についた習慣（とくに道楽の類）は、年老いても直らないという意味。

〔百（ひゃく）〕 幼い頃の性質は一生変わらないことのたとえ。

〔十日（とうか）〕 時期に遅れて、役に立たないもののたとえ。五月五日の端午の節句に必要な菖蒲、九月九日の重陽の節句に必要な菊は一日遅れて用意されても役に立たないと

□□から目《め》薬《ぐすり》

いう意味。

〔二階（にかい）〕　思いどおりにならないもどかしさをたとえた言葉。

一寸《いっすん》の虫《むし》にも□□の魂《たましい》

〔五分（ごぶ）〕　体が小さな人や弱々しい人も、けっして侮ってはいけないし、また侮られてはいけないという戒め。

◎「人間関係」のコツが詰まっていることわざ

□□多《おお》くして船山《ふねやま》へのぼる

〔船頭（せんどう）〕　リーダーが多すぎると、統制がとれなくなり、物事がうまく進まなくなることのたとえ。

□すり合《あ》うも多生《たしょう》の縁《えん》

遠《とお》くて近《ちか》きは□□の仲《なか》

嘘《うそ》つきは□□の始《はじ》まり

□の意見《いけん》と冷《ひ》や酒《ざけ》は後《あと》で利《き》く

孝行《こうこう》のしたい時分《じぶん》に□はなし

〔袖（そで）〕　見知らぬ人と道で袖が触れ合うのも、前世からの因縁による、という意味。「多少」ではないことに注意。

〔男女（だんじょ）〕　男女の仲は不思議なものだという意味。清少納言の『枕草子』が出典。

〔泥棒（どろぼう）〕　嘘をつく人間は、やがて盗みも働くようになるという意味。嘘をついてはならないという戒め。

〔親（おや）〕　親の意見はわずらわしく思えても、後になると納得できるという意味。冷や酒が後で回ってくることにかけたもの。

〔親（おや）〕　孝行は親が元気なうちにせよという教え。昔は、親孝行したい年にはすでに親が亡くなっていることが

人《ひと》の□も七十《しちじゅう》五《ご》日《にち》

□に交《まじ》われば赤《あか》くなる

血《ち》は□よりも濃《こ》い

金《かね》持《も》ち□□せず

多かった。

〔噂（うわさ）〕　人があれこれ噂するのは、一時のことで、しばらくすれば収まるということ。七十五日は一つの季節のだいたいの日数。

〔朱（しゅ）〕　人は、付き合う友人や環境によって、よくも悪くもなることのたとえ。よい友人を選ぶことが大切という戒め。中国のことわざ「近朱必赤」に由来するとみられる。

〔水（みず）〕　いざというとき、頼りになるのは身内であるというたとえ。

〔喧嘩（けんか）〕　金持ちは喧嘩をしても得になることはないので、自分の身が不利になるようなことはしないという意味。

駕籠《かご》に乗《の》る人 担ぐ人《ひと》そのまた □□を作《つく》る人《ひと》

〔**草鞋（わらじ）**〕　世の中には、さまざまな境遇や身分の人がいることのたとえ。さまざまな人々がいてこそ社会が成立しているという意味にも使われる。

◎「歴史」を感じさせることわざ

東男《あずまおとこ》に□□

〔**京女（きょうおんな）**〕　男は江戸・関東出身、女は京女が一番という意味。出典は「初舞台　あづま男に京女」という川柳。

泣《な》く子《こ》と□□ には勝《か》てぬ

〔**地頭（じとう）**〕　泣く子供と横暴な地頭には、道理を尽くしても勝ち目がないこと。地頭は、鎌倉・室町時代の地方役

売家《うりいえ》と唐様《からよう》で書《か》く□□□

一富士《いちふじ》二《に》□三《さん》なすび

勝《か》てば□□

引《ひ》かれ者《もの》の□□

人。

〔三代目（さんだいめ）〕　初代と二代目が苦労して築いた家を、坊ちゃん育ちの三代目が売りに出し、「売家」と中国風の風流な筆跡で書いたという意味。

〔鷹（たか）〕　夢に見ると、縁起のいいものの順番。徳川家康が駿河（静岡）の名物を並べたという説もある。

〔官軍（かんぐん）〕　立派な大義があろうと負けた側は邪、勝った者が「正」とされること。「官軍」は朝廷の軍隊。

〔小唄（こうた）〕　敗者や弱者が強がってみせること。引かれ者は、罪を犯して連行される者や、市中引き回しにされる罪人のこと。

勝《か》って□の緒《お》を締《し》めよ

暮《く》れぬ先《さき》の□□

田舎《いなか》の学問《がくもん》より□の昼寝《ひるね》

亭主《ていしゅ》の好《す》きな赤《あか》□□□

〔兜（かぶと）〕　成功しても、油断してはならないという戒め。武将が勝利後、気を引き締めるため、兜の緒を結んだことから。もとは、戦国大名の北条氏綱の言葉という説がある。

〔提灯（ちょうちん）〕　不必要に用意しすぎて、間が抜けていることのたとえ。明るい間から、提灯に火をともすことから。

〔京（きょう）〕　田舎で勉強するよりも、都会に出れば、一流の先生が数多くいるので、自然と見聞が広がるという意味。

〔烏帽子（えぼし）〕　家長のいうことなら、非常識な意見でも通ることのたとえ。烏帽子はふつう黒塗りだが、主人が赤を好めば家族は従うしかないという意味。

◎迷ったときに思い出したいことわざ

好《す》きこそ□の上手《じょうず》なれ

身《み》を捨《す》ててこそ浮《う》かぶ□もあれ

蒔《ま》かぬ□は生《は》えぬ

□に雪折《ゆきお》れなし

〔**物（もの）**〕　好きなことは、熱中して稽古したり、学習したりするので、上達するという意味。

〔**瀬（せ）**〕　わが身を捨てる覚悟があってこそ、おのずと道が開けるという意味のたとえ。「瀬」は、川の浅くなったところ。

〔**種（たね）**〕　物事には原因があって結果があることのたとえ。何も実行せずに、結果が出るはずがないという戒め。

〔**柳（やなぎ）**〕　しなやかで柔軟なものは、強硬なものより、

寄《よ》らば□□の陰《かげ》

生兵法《なまびょうほう》は□□の元《もと》

□は急《いそ》げ

来年《らいねん》のことを言《い》うと□が笑《わら》う

試練に耐える力があることのたとえ。

〔**大樹（たいじゅ）**〕　大きな集団に頼った方がいいというたとえ。身を寄せるなら、小さな木よりも、大きな木の下の方が安全なことから。

〔**大怪我（おおけが）**〕　中途半端な技術や知識は使わない方がよいという戒め。武術の心得が生半可にあると、かえって大怪我をしてしまうという意。

〔**善（ぜん）**〕　よいと思ったことは、すぐに実行するのがよいという意味。

〔**鬼（おに）**〕　明日の運命さえわからない人間が、遠い先のことを語ってはいけないという戒め。

大事《だいじ》の前《まえ》の□□

〔**小事（しょうじ）**〕　大きな事を行う前は、ささいな事にかまってはいられないという意味。

◎その「ことわざ」、どこまで本当？

紺屋《こうや》の□□

〔**白袴（しろばかま）**〕　人のことにかまけ、自分のことを疎《おろそ》かにするたとえ。藍染職人が人の衣を染めながら、自分は白袴であることにたとえた言葉。

問屋《とんや》の□□

〔**只今（ただいま）**〕　返事だけがよく、なかなか実行されないことのたとえ。品物を「只今、お届けに上がります」と請け負った問屋がなかなか届けてこないことから。

□□に旨《うま》い物《もの》なし

色《いろ》の白《しろ》いは□□隠《かく》す

夜目遠目《よめとおめ》□の内《うち》

桜《さくら》切《き》る馬鹿《ばか》、□切《き》らぬ馬鹿《ばか》

〔名物（めいぶつ）〕　名（名声）は実（実態）を伴わないことが多いというたとえ。各地の名物にさほどうまいものはないという意味。

〔七難（しちなん）〕　色さえ白ければ、他の多少の難点は目立たないという意味。「七難」は「火難」「水難」「風難」など。

〔笠（かさ）〕　人の顔が実際よりきれいにみえるときに使う言葉。夜の暗がり、遠方から、笠をかぶって顔が陰になっているときは、実際よりよく見えるという意味。

〔梅（うめ）〕　桜は枝を切ると木の衰弱が進み、一方、梅は無駄な枝を切る方が、花実がよくつくという教え。

風邪《かぜ》は□□の元《もと》

住《す》めば□

瓜《うり》の蔓《つる》に□□はならぬ

鳶《とんび》が□を生《う》む

〔**万病（まんびょう）**〕　たかが風邪と侮っていると、多くの病気を招くことになるという戒め。

〔**都（みやこ）**〕　気にいらない土地でも、住んでいるうちに愛着がわき、住みよくなるというたとえ。「住むのなら都会のほうがいい」という意味ではない。

〔**茄子（なすび）**〕　平凡な親から、非凡な子供は生まれないこと。次項とは、ちょうど逆の意味。

〔**鷹（たか）**〕　平凡な親から非凡な子が生まれること。なお子供の親に対して使うと「あなたは凡人」と言っていることになり、ほめたつもりが失礼になってしまう。

◎どういう「評価」かわかりますか？

闇夜《やみよ》に□□

怠《なま》け者《もの》の□□働《ばたら》き

□□に追《お》い銭《せん》

〔**鉄砲（てっぽう）**〕　目標がはっきりしないのに、何かをすることのたとえ。暗い夜に鉄砲を撃っても当たらないことから。

〔**節句（せっく）**〕　いつも怠けている者にかぎり、他人が休む日になると、わざと忙しそうに働きはじめるという意味。

〔**盗人（ぬすびと）**〕　損をしたうえに、さらに損を重ねるという意味。物を盗んだ盗人に、さらに物をくれてやることから。

臭《くさ》い物《もの》に□

□□に腕押《うでお》し

苦《くる》しい時《とき》の□頼《だの》み

人《ひと》の□で相撲《すもう》を取《と》る

仏作《ほとけつく》って□入《い》れず

〔蓋（ふた）〕　人に知られたくないことを、その場しのぎの方法で隠してしまうことのたとえ。

〔暖簾（のれん）〕　こちらは本気なのに、相手にその気はなく、手ごたえも張り合いもない状態のたとえ。

〔神（かみ）〕　都合が悪くなったときだけ、神仏や人を頼りにする身勝手さのたとえ。

〔褌（ふんどし）〕　人のものを利用して、自分の利益になることをすることのたとえ。

〔魂（たましい）〕　もっとも大切なことを欠くことのたとえ。仏像を作っても、魂が入っていなければ、木や石とかわらないことから。

門前《もんぜん》の□□習《なら》わぬ経《きょう》を読《よ》む

〔小僧（こぞう）〕　人が置かれている環境に、影響されることのたとえ。あるいは、習わなくても、知らず知らずのうちに覚えること。

頭《あたま》でっかち□つぼみ

〔尻（しり）〕　最初は威勢がよいが、しだいに勢いがなくなり、平凡以下の結果に終わること。

◎丁寧に頭に入れておきたいことわざ

火《ひ》のない所《ところ》に□は立《た》たぬ

〔煙（けむり）〕　噂が立つときには、たいてい何らかの根拠かあるものだという意味。

坊主《ぼうず》憎《にく》けりゃ
□□まで憎《にく》い

花《はな》より□□

飛《と》んで□にいる
夏《なつ》の虫《むし》

□食《く》う虫《むし》も
好《す》き好《ず》き

痘痕《あばた》も□□

〔**袈裟（けさ）**〕　相手を憎むあまり、その人間に関係するものすべてが憎くなることのたとえ。

〔**団子（だんご）**〕　風流よりも、食欲のほうが優先されることのたとえ。花見の席でも、つい食い気に走ってしまうことから。

〔**火（ひ）**〕　身のほどもわきまえず、挑んで敵中などに飛び込むこと。

〔**蓼（たで）**〕　人間の好みの不思議さを表すたとえ。男女関係によく使われる。蓼は、強い辛味があり、香辛料にも使われる植物。

〔**笑窪（えくぼ）**〕　普通は醜いとされる痘痕も、好きな人か

角《つの》を矯《た》めて□を殺《ころ》す

棒《ぼう》ほど願《ねが》って□ほど叶《かな》う

鑿《のみ》と言《い》えば□

月夜《つきよ》に□を抜《ぬ》かれる

ら見れば笑窪のようにチャーミングに見えるという意。

〔牛（うし）〕　ささいな欠点にこだわると、長所を損なってしまうという戒め。中国の古代書『玄中記』の故事に由来。

〔針（はり）〕　何事も思い通りにはいかないことのたとえ。棒ほどの大きな願いも、実際には、針ほどにしか叶わないという意味。

〔鎚（つち）〕　万事に気がきくことのたとえ。鑿が必要だといえば、槌も一緒に出てくるという意味。

〔釜（かま）〕　ひどく油断をすることのたとえ。月の明るい夜に、大事な釜を盗まれるほどの油断という意味。

庇《ひさし》を貸《か》して□□を取《と》られる

□を吹《ふ》いて瑕《きず》を求《もと》める

〔母屋（おもや）〕　一部を貸したばかりに、やがて全部奪われてしまうことのたとえ。この「庇」は、今のような小屋根のことではなく、寝殿造りで母屋のまわりにある小部屋のこと。

〔毛（け）〕　もともとは単に、人の欠点探しをすること。今は「他人の欠点を探し出そうとして、自分の欠点をさらけだしてしまう」という意味で使われている。

第6章

「ことわざ」には人生の深い含蓄が詰まっています

◎「年齢」についてのことわざ

□男の四十《しじゅう》は分別盛《ふんべつざか》り……男の四十歳は物事の分別がつき、判断力が最も高まる頃合いであるという意味。孔子の「四十にして惑わず＝不惑」を踏まえた言葉である。

□うかうか三十、きょろきょろ四十……三十代をうかつに過ごして、四十になってからあわてるという意。年をとるのは早いので、しっかり生きよという戒めを含んでいる。

□五つ六つは憎《にく》まれ盛り……三～四歳までは可愛いばかりの幼児でも、五～六歳になると、憎まれ口をきくようになるうえ、いたずらばかりするものであるという意味。

□**十《とお》で神童《しんどう》十五で才子《さいし》二十《はたち》過ぎれば只《ただ》の人**……子供のときはひじょうに優秀でも、大人になれば平凡な人になる人が多いという意。この十は「とお」、二十は「はたち」と読みたい。

□**四十がったり**……四十歳を過ぎると、体力ががったり衰えるものであるという意味。なお「四十暗がり」というのは、四十歳を過ぎると視力が衰えたり、老眼になること。

◎「お金」についてのことわざ

□**金は三欠《さんか》くにたまる**……義理・人情、交際の三つを欠いてこそ、金はたまるものという意。世間並みのことをしていては、金はたまるものではないという意味。

□**金一升に土一升**《かねいっしょうにつちいっしょう》……土地の値段が高いことのたとえ。金一升でようやく土が一升買えるほどに、土地が高いという意味。

□**有りそうでないのが金、無さそうであるのが借金**……人の懐具合はわからないものという意。前段だけだと、金持ちは意外に少ないものという意味になる。

□**色男金と力はなかりけり**……色男には、金がなく、ケンカも弱いものが多いという意。古川柳から生まれた言葉。

□**金が敵**《かたき》**の世の中**……トラブルや悩みなど、世の中で起きる面倒事の大半は、金が原因であり、金は敵のようなものであるという意。

□**只**《ただ》**より高いものはない**……ただで物をもらったり、人の世話になると、後々お返しや恩返しをせざるを得なくなって、結局は高くつくという意。

□**金のないのは首のないのも同じ**……金がないことのつらさをいう言葉。金がないのは死んだも同然という意。

□**金が言わせる旦那《だんな》**……世間から尊敬されるのは、金があるからという意味。金持ちだからこそ、世間の人が「旦那、旦那」と尊称で呼んでくれるという意。

□**入るを量《はか》りて出《い》ずるを制す**……収入をきちんと計算して、支出をおさえること。浪費をおさえ、収支を黒字化させる心得。

□**有っても苦労、無くても苦労**……「お金」、あるいは「子供」は、あればあったで苦労し、無ければ無いで苦労するものという意味。

□**勘定合って銭足らず**……計算は合っているが、金が足りないという意味。理論と実際が違うことのたとえ。

□**士族《しぞく》の商法**……慣れない商売に手を出すと、失敗しやすいという意味。明治維新後、商売に手を出して失敗する元武士が多かったことから。

□**見切り千両**……ほどよいところで見切るのが、最も重要という意。相場、商売の要諦。

◎「家族」についてのことわざ

□**二人口は過ごせるが一人口は過ごせぬ**……夫婦（二人）なら生活していけるが、一人者は何かと出費が多く、生活が成り立たないという意味。

□**娘三人持てば身代《しんだい》をつぶす**……娘が三人もいると、その嫁入り支度にお金がかかり、財産がなくなってしまうという意味。

□**女房と畳《たたみ》は新しいほうがよい**……言葉どおりの意味だが、「女房と鍋釜は古いほどいい」という正反対の意味の言葉もある。

□**親の思うほど子は思わぬ**……親が子供のことを思っているほどには、子は親のことを思ってはいないものという意味。

□**立てば歩めの親心**……わが子の成長を望む親心を表した言葉。赤ん坊が立てるようになると、次は歩けるようになれば、と願う親の心という意味。

□**律儀者の子沢山**……律儀者は家庭円満なので、子供も多いという意味。まじめな者は外で遊んだりしないので、しぜんに子供がよくできるという意味も含んでいる。

□**内孫より外孫**……一緒に住んでいる孫よりも、離れて暮らしている孫のほうが可愛く思えるという意。今は、毎日顔を見る内孫よりも、たまにしか会えない外孫のほうが可愛く思えるものという意味で使われているが、昔は嫁が生んだ孫（内孫）よりも、実の娘が他家に嫁いで生んだ孫（外孫）のほうが可愛いというニュアンスを含んでいた。

□**子を持って知る親の恩**……自分が親になって初めて、親の有り難さがわかるという意味。

□**鬼千匹に小姑《こじゅうと》一人**……小姑の厄介さ、恐ろしさは、嫁にとっては鬼千匹にも匹敵するという意味。

□**悪妻は百年の不作**……悪妻をもつと、一生不幸であるという意。

□**父の恩は山より高し**……父から受けた恩は、たいへん大きいという意。このあと、「母の恩（徳）は海より深し」と続く。

□**親の十七子は知らぬ**……親にも若くて未熟な頃があったわけだが、それは子供にとってはは知る由もないという意。

□**石に蒲団《ふとん》は着せられぬ**……親が死に、墓石になった後には、したくても介抱や親孝行はできないという意味。

□**女房の焼くほど亭主もてもせず**……妻が焼き餅をやくほどには、夫は外でもててはいないという意。嫉妬する愚かさを戒める言葉。これも古川柳から。

□**夫婦喧嘩は寝て直る**……夫婦は昼間は喧嘩しても、夜同じ布団に入れば仲直りするものという意。ケンカは翌日まで持ち越すものではないという戒めの意もある。

□**上がって三代、下がって三代**……親戚づきあいするのは、上下三代くらいまでで、それ以上離れると、他人同然になること。

□**親父は俺より年が上**……当たり前であること。

◎「生きもの」についてのことわざ

□**馬に乗るとも口車に乗るな**……うまい話や儲け話などには気をつけなさいという戒めの言葉。

□**小の虫を殺して大の虫を助ける**……大きなことのためには、小さな犠牲を払わなければならないというたとえ。

□**犬が西向きゃ尾は東**……わかりきっていること。そのようなことを自慢げにいう者を冷やかす言葉。

□**逃がした魚は大きい**……一度手に入れかけたが逃したものは、その悔しさから実際よりもよく見えるという意。なお「逃がした」と書くと「にがした」、「逃した」と書くと「のがした」と読み、このことわざには「逃がした」が定型。

□**河豚《ふぐ》は食いたし命は惜しし**……楽しみたいが、リスクが恐ろしくて、ためらうことのたとえ。

□**陸《おか》へ上がった河童《かっぱ》**……苦手な環境では、有能な者も力を発揮できないこと。水中を得意とする河童が、陸へ上がると無力になることから。この「陸」は「おか」と読む。

□**誰《たれ》か烏《からす》の雌雄《しゆう》を知らん**……誰が真っ黒な烏の雌雄を見分けられようか。そこから、物事の善悪、是非を区別するのは、難しいものであるという意。この「誰」は「たれ」と濁らずに読む。

□**借りて来た猫**……ふだんとはちがい、おとなしすぎることのたとえに使われている。

□**あの声で蜥蜴《とかげ》食らうか時鳥《ほととぎす》**……見かけと中身が違うということのたとえ。美しい声で鳴くホトトギスが、他の鳥も食べないようなトカゲを食べることから。榎本其角《きかく》の俳句。

□**蟻の熊野参り**……熊野神社などの神社仏閣に参る人の列が長く続いているさま。人波を蟻の行列にたとえた言葉。

□**人には添うてみよ馬には乗ってみよ**……馬のよしあしは乗ってみなければわからないし、人とは付き合ってみないとわからないという意味。

□**鮟鱇《あんこう》の待ち食い**……自分は働きもせずに、ごちそうにありつこうとする者などをけなしていう言葉。魚のアンコウが小魚が近づいてくるのをじっと待ち、捕食するところから。

□**白鳥の歌**……詩人や歌人などが最後につくった歌や詩。白鳥が死ぬ間際、もっとも美しく歌うとされることから。

□**金魚の糞《ふん》**……金魚の糞が長々とつらなっていることから、人のあとにつきしたがうさま。あるいは、物が長くつながっているさま。

□**猫にもなれば虎にもなる**……猫のようにおとなしくもなれば、虎のように恐ろしくもなるさま。相手や状況によって態度をころころと変えるという意味でも使われる。

□**猫に紙袋《かんぶくろ》**……猫の頭から紙袋をかぶせると、はずそうとして後ろへ下がっていく。

そこから、後ずさりするさま。あるいは、物事に対して、尻込みすることを指す。

□**猫もまたいで通る**……猫も食べないほど、料理（とくに魚）がまずいこと。また、誰からも相手にされない人という意味でも使う。名詞化した「猫またぎ」という言葉もある。

□**烏を鷺《さぎ》**……間違いを正当化するさま。黒（烏）を白（鷺）といいくるめるところから。

□**犬は人につき、猫は家につく**……犬は飼い主になつき、猫は住んでいる場所にこだわるという意味。

□**犬は三日飼えば、三年恩を忘れぬ**……犬でも恩を知っているのだから、恩知らずなことはしてはいけないという戒め。

□**甘いものに蟻がつく**……甘い菓子などに蟻がたかるように、楽して儲けられる話には、大勢の人が群がり集まってくるものという意味。

□**蟹《かに》の念仏**……蟹がぶつぶつと泡を吹くように、口の中で何事かぶつぶつとつぶやいているさま。「蟹の念仏じゃないんだから、はっきり言え」など。

□**鹿《しか》を逐《お》う者は山を見ず**……一つのことに夢中になっている者は、ほかのことに気が回らなくなることのたとえ。

◎「食べもの」についてのことわざ

□**鯛《たい》も一人はうまからず**……美味しい食べ物でも、一人で食べると、美味しく感じないという意味。

□**豆腐《とうふ》の角で頭を打って死ね**……馬鹿げた失敗をした者などに対して使う罵り言葉。

□**二本差しが怖くて焼き豆腐は食えぬ**……武士が刀を二本（大刀と脇差し）差していることと、焼き豆腐に串が二本刺さっていたことをかけた言葉。侍を恐れない町人の気概を表している。

□**初めちょろちょろ中ぱっぱ赤子泣くとも蓋《ふた》取るな**……電気炊飯器の登場以前、ご飯の上手な炊き方を表した言葉。最初は弱火、途中から強火、何があっても蓋を取らなければ、美味しいご飯が炊きあがるという意味。

□**山《やま》の芋鰻《いもうなぎ》になる**……山芋が鰻になるような、起きるはずの変化が生じること。大したことないと見られていた人が、突如大化けし、大出世したときなどに使う言葉。

□**酒を呑むとも呑まるるな**……酒は呑んでもいいが、呑みすぎて失態を演じないように、という戒め。

□**いやいや三杯**……酒をすすめられたとき、断りながらも何杯も呑むこと。そこから、言うことと行動が違うことのたとえにも使われる。

□**酔《よ》い醒《ざ》めの水、下戸《げこ》知らず**……酔いから醒めたときの水のうまさは、酒を飲めない人（下戸）にはわからないという意。酒のうまさをたたえる語。

□**お神酒《みき》上《あ》がらぬ神はない**……神様でもお神酒を上げられるのだから、人が飲んで悪い法はないだろうという意味。古来、酒飲みの言いわけに使われてきた言葉。

□**酒なくて何の己《おのれ》が桜かな**……酒がなくては、花見をしてもいっこうに面白くないという意味。

□**酒に別腸《べっちょう》あり**……酒には、酒用の別の腸があるという意味。大酒飲みが酒ならいくらでも入ることに対して使う言葉。

□**粥腹《かゆばら》も一時**……粥でも一時の空腹しのぎくらいにはなるという意味。「茶腹も一時」も同じ意味。

◎「ことばのリズム」が心地いいことわざ

□**開けて悔《くや》しき玉手箱**……期待はずれでがっかりすること。浦島太郎が龍宮城から持ちかえった玉手箱を開けると、そこに財宝はなく、白い煙が上がっただけだったことから。

□**江戸べらぼうに京どすえ**……江戸と京都の言葉や気風の違いを表した言葉。「べらぼう」と「どすえ」、それぞれの地で、よく使われる方言を並べている。

□**たとえ火の中、水の底**……どんなつらい目にあおうとも、という意。正しくは「水の底」であって、「水の中」ではないことに注意。

□**沈黙は金、雄弁は銀**……沈黙は雄弁に勝るという意。西洋のことわざより。

□**お医者様でも草津の湯でも、惚《ほ》れた病は治りゃせぬ**……恋の病ばかりは、名医にかかっても、名湯につかっても治せないという意味。

□**早飯早糞芸の内**……食事や排便が早いことも、芸のうちであるという意。昔、戦場に出る侍や、忙しく立ち働く商家の使用人などに対して使われた言葉。

□**敵もさる者引っかく者**……敵の力を認め、さる者(さすがな者)と認めたときに使う言葉。「さる者」を〝猿者〟とシャレて、引っかく者と続けている。

□**仏ほっとけ　神かまうな**……信心の薄い者が、自己弁護に使うシャレ言葉。

□**歌は世に連れ、世は歌に連れ**……歌は世の中の動きによって変わっていくし、世の中のほうも歌の影響を受けるという意味。

□**行きはよいよい帰りは恐い**……子供の遊びの「通りゃんせ」の囃子歌から。行き（前半）は順調にいきそうだが、帰り（後半）には何事か障害が待ち構えていそうで恐ろしいという意。

◎「数」が出てくることわざ

□**一難去ってまた一難**……災難をひとつ切り抜けると、すぐにまた新しい災難がふりかかるさま。

□**一輪咲いても花は花**……たとえ一輪でも、花が咲いたことに変わりはないという意。数は少なくても、本質的なところで劣ることはないという意味のたとえに使われる。

□**ぽつぽつ三年波八年**……日本画の修行では、ぽつぽつとした苔を描けるようになるまでに三年かかり、より難しい波を描けるようになるまで八年かかるものという意。

□**首振り三年ころ八年**……尺八は、首を振って音を出すまでに三年かかり、ころころとしたいい音を出すには八年もの修行が必要だという意味。

□**三十三回忌弔い納め**……一般に、故人を弔う法事は、三十三回忌を最後にすること。

□**人の痛いのは三年でも辛抱する**……人の痛みなら、三年でも傍観していられるという意。人が苦しんでいても、自分に無関係なら、平気でいられること。

□**味方千人、敵千人**……世の中には味方になる人もいれば、一方で敵に回る人もいること。

□**千も万もいらぬ**……あれこれいう必要はないという意。「千言も万言もいらぬ」という意味。

□**三遍回って煙草《たばこ》にしょ**……この「三遍回る」は見回りなどで三回も見回るという意味。しっかり仕事をしたうえで「煙草にしょ＝休息をとる」というわけで、十分仕事をしてから休みなさいという意味を含んでいる。

□**出船《でふねせんそう》千艘入《い》り船《ふねせんそう》千艘**……船の出入りがひじょうに多いという意。港や港町がたいへん栄えていることを表す言葉。

□**囁《ささや》き千里**……内緒の話がすぐに広まってしまうこと。「こそこそ三里」という同じ意味の言葉もある。

□**明日の百より今日の五十**……明日手にはいるかもしれない、多くて不確実なものよりも、今日確実に入る少ないもののほうがよいという意味。

□**男は三年に一度笑う**……男はめったに笑わないほうがいいという意味。昔は、男（とくに武士）は、威厳を保つためには笑うものではないという意識があったことから。

□**一度死ねば二度と死なぬ**……人間、死ぬのは一度だけであり、何度も死ぬわけではないのだから、死を恐れることはないという意。おおむね、窮境で肚を決めたか、自棄《やけ》になったときに発する言葉。

◎「色恋」についてのことわざ

□**恋に師匠なし**……色恋は、誰から教えられるものではなく、年頃になると、しぜんに覚えるものという意味。

□**鳴く蝉《せみ》よりも鳴かぬ蛍《ほたる》が身を焦がす**……鳴かない蛍が身を焦がす（光る）ように、思いを口にせず、心に秘めている者のほうが、切実な思いを抱いているものという意。とくに、秘めた「恋心」に関して使う言葉。

□**百年の恋も一時に冷める**……恋していた人の興ざめな言動にふれたり、意外な一面を知って、恋心がたちまち冷めてしまうこと。

□**傾城《けいせい》に誠《まこと》なし**……「傾城」は、もとはその色香で城を傾けるほどの美人を表す言葉。それが、日本の近世では遊女を表す言葉となった。「傾城に誠なし」は、遊女に誠意はないという意で、遊女のいうことを真に受けてはいけないという戒め。

□**恋に上下の隔てなし**……男女の恋愛に、身分の上下や財産のあるなしなどの区別はないという意で、愛する者同士はそれらの障害をも乗り越えていくものという意味。

◎「天気と気候」に関係したことわざ

□**天に三日の晴れなし**……晴天が三日間続くことが少ないように、この世の中はよいことばかりが続くものではないという意。また「春に三日の晴れなし」は単に天候を表す言葉で、春は天気が変わりやすく、三日続けて晴れることはないという意。

□**雨の降る日は天気が悪い**……ごく当たり前の話であること。前述の「犬が西向きゃ尾は東」と同じ意味。

□**暑い暑いもちっとの間**……時の過ぎ去るのが早いさま。暑い夏もすぐに過ぎ去ってしまうところから（少なくとも昔は……）。

□**朝日が西から出る**……起きるはずがないことが起きることのたとえ。

□**嵐の前の静けさ**……異変が起きる前の不気味な静けさ。嵐が来る前、あたりが静まりかえることから。

□**冬来たりなば春遠からじ**……寒い冬のあとには過ごしやすい春がやってくるように、苦しい時期のあとには、喜びがやってくるという意。

□**子供は風の子**……寒風の中でも、子供が元気に遊び回るさまを表す言葉。このあと、「大人は火の子」と続けることもある。

◎よくない意味の「ネガティブ」なことわざ

□**石が流れて木の葉が沈む**……道理とは逆になることのたとえ。

□**命長ければ恥多し**……長生きすると、何かと恥をかくことが多くなるという意。

□**産屋《うぶや》の風邪は一生つく**……赤ん坊に風邪をひかせると、その子は一生、体が弱い子になるという意味。

□**大風に灰をまく**……無駄なうえ、はた迷惑なことをするさま。風の日に灰（肥料）をまくと、飛び散ってしまって無駄なうえ、周囲に迷惑をかけることから。

□**芸は身の仇《あだ》**……身についた芸によって、かえって身を誤ること。「芸は身を助ける」と正反対の意味の言葉。この「仇」を「かたき」と読まないように。

□**上手《じょうず》の手から水が漏《も》れる**……すぐれた腕前をもつ人も、ときには失敗すること。

□**悪い奴ほどよく眠る**……本当の悪人は、犯罪をおかしても、良心がとがめることもなく、夜ぐっすり寝るものだという意味。

□**畑で水練《すいれん》を習う**……実際には役に立たないことのたとえ。畑で水泳の術を習うように、現実には通用しないという意味。

□**泥棒を捕らえて縄をなう**……事が起きてから、あわてて準備することのたとえ。

□**公家の位倒《くらいだお》れ**……公家は、社会的地位は高いが、金銭的には貧しく、権威や体面を保てないこと。現代では、名門企業や老舗がプライドの高さのあまり、経営が傾いた際の形容などに使われる。

□**口さがなきは下郎《げろう》の常《つね》**……身分の卑しい者には、おしゃべりで人の悪口や噂話を口にする者が多いという意味。

□**桂馬《けいま》の高跳《たかと》び歩《ふ》の餌食《えじき》**……将棋で真ん前には進めない駒である桂馬は、前に進みすぎると、いちばん下位の駒である歩にとられてしまう。そこから、考えもなく前に進みすぎると、弱い者にもやられてしまうというたとえに。

□**火事あとの釘拾《くぎひろ》い**……大損したあとで、小さな節約をすること。

□**盗人を捕らえてみれば我が子なり**……泥棒を捕まえてみると、自分の子供だったように、思いがけない事態に遭遇すること。また、身内でも信用はできないという戒め。

□**下手の思案は後につく**……下手な者ほど、後になってから「あのとき、こうすればよかった」と後悔交じりで考えるものであるという意。

□**朝寝坊の宵《よい》っ張り**……朝寝をする人は、夜遅くまで起きているものという意。

□**月満《つきみ》つれば欠く**……物事は盛りを迎えると、その後は衰えていくものという意味。月が満月になった後は、欠けていくばかりであることから。

□**首縊《くびく》りの足を引っ張る**……苦況にある人に対して、さらに追い打ちをかけるような仕打ちをするたとえ。

□**当《あ》て事《こと》と褌《ふんどし》は向こうからはずれる**……心待ちにしていることは、先方（向こう）の都合で、実現しないことが多いという意味。褌（越中褌）の紐をとくと、前の方からはずれることから。

◎「対人関係」に効くことわざ

□**会うは別れのはじめ**……会えばかならず別れのときが来るという意味。人生の無常を表した言葉。この「はじめ」は「初め」ではなく、「始め」と書く。

□**去る者は追わず**……自分から離れていこうとする者を追ったり、引き止めたりはしないこと。そうするのは、あまり賢明ではないというニュアンスを含む。この言葉のあとは「来る者は拒まず」と続く。出典は『孟子』。

□**先生と呼ばれるほどの馬鹿でなし**……「先生」と呼んで持ち上げてくる相手は、内心では馬鹿にしていることもあるが、こちらもそれを真に受けるほどの馬鹿ではないという意。また、「先生」と呼ばれる人々（政治家、教師、医師）を皮肉る言葉としても使われる。

□**仲人口は半分に聞け**……仲人の言葉は、半分くらいに聞いておくのがいいという意。江戸時代、仲人は縁談をまとめると、持参金や結納の一部をもらえたため、花婿花嫁候補について、ほめあげたところから。「仲人の空言」「仲人の七嘘」という言葉もある。

□**男子家を出《い》ずれば七人の敵あり**……世間には敵に回る者が多いので、男性はいったん家の外に出れば、気をゆるめずに振る舞わなければならないという意味。

□**鬼も知った鬼がよい**……どんな関係にせよ、まったく知らない人よりは、前から知っている人のほうがよいという意味。

□**おだてと畚《もっこ》には乗りたくない**……おだてに乗るものではないことを強調した言

葉。昔、刑場に罪人を運ぶ際に、畚が用いられたことから。

□**義理は借り物**……義理は、物を借りたときと同じように、返さなければならないものであるという意味。

□**すまじきものは宮仕《づか》え**……会社に勤めたり、人に仕えるのは気苦労が多いので、するものではないという意。

□**世の中は下向いて暮らせ**……上(自分よりも豊かな人)を向いたらキリがないので、下(自分よりも貧しい人)を見て、不満を抱かずに暮らしたほうがいいという戒め。

□**きれいなバラには棘《とげ》がある**……美人には相手を傷つけるような心根の者がいるという意。美人やおいしい話に手を出すときは、用心せよという戒め。

□**義理と褌は欠かされぬ**……この言葉の「褌」は、「男子にとって欠かせないもの」という意で使われている。義理を大事にすることは、褌と同じくらい、男子が世を渡っていくうえで大事という意。

□**世間は張り物**……世間を渡っていくためには、外見を飾ったり、見栄を張ることも必要という意。あるいは、世間には外見を飾り、見栄を張る者が多いので、よく見極めよという戒め。「世は張り物」ともいう。

□**成る堪忍は誰もする**……できるような堪忍、ある程度の堪忍なら、誰でもするという意。このフレーズの後に「成らぬ堪忍をするが堪忍」と続き、こればかりは堪忍できないと思うことさえ堪忍するのが、本当の堪忍という意味。

□**屏風《びょうぶ》は曲がらねば立たぬ**……世間を渡っていくには、まっすぐなだけではダメで、自分を曲げて世間に合わせることも必要という意。屏風はまっすぐのままだと倒れてしまい、曲げて立てることから。

□**実るほど頭の下がる稲穂かな**……稲穂は実が熟すと、先が重くなって、しぜんと垂れ下がっていく。そのように、人も学や徳が深まるほどに、謙虚になるという意。また、偉くなっても、腰を低くして生きなさいという戒め。

◎「戦いとケンカ」に関係したことわざ

□**軍中《ぐんちゅう》に礼なし**……戦争中は、こまごまとした礼儀にはこだわっていられないという意味。

□**寡《か》は衆《しゅう》に敵せず**……少人数では大勢に勝てるわけもないという意で、「多勢に無勢」と同じ意味。ただし、「寡を以て衆を制す」という、正反対の意味の成句もある。

□**謀《はかりごと》は密《みつ》なるをよしとす**……計略は外には漏れないことをよしとするという意。出典は、中国の戦術書の『三略』。

□**勇将《ゆうしょう》の下に弱卒《じゃくそつ》なし**……勇ましい将軍のもとには、弱々しい兵士はいないという意。そこから、優秀なリーダーのもとでは、部下も成長し、立派なメンバーがそろうことになるという意で使われている。

□**城を枕に討ち死にする**……籠城し、落城するまで城にとどまり、討ち死にすること。負け戦でも、最後まで戦い抜くこと。「最後は、城を枕に討ち死にするしかないですね」など。

□**勝敗は時の運**……勝敗は、時の運不運によって決まるものという意。実力拮抗している者が戦うときにふさわしい言葉。「勝ち負けは時の運」とも。

□**義経の八艘《はっそう》飛び**……身軽に飛び回るさま。源義経が壇の浦の戦いで、船から船へと飛び移ったという話から。

□**売り言葉に買い言葉**……片方が暴言を吐けば、もう一方も暴言を言い返して、やがては喧嘩になるので、言葉には気をつけなさいという戒め。

□**降りかかる火の粉は払わねばならぬ**……身に危険が迫ったときには、危険を防ぐ行動をとらなければならないという意。おもに〝正当防衛〟に当たるようなケースで、自己正当化のために使われる言葉。なお〝降りかかる炎〟というのは間違い。

□**火事と喧嘩は大きいほど面白い**……野次馬の気持ちを表す言葉。

□**昨日の敵は今日の味方**……もとは、人の心は変化しやすく、当てにはならないという意。今は、情勢変化によって味方が増え、事態が好転することもあるという意味で使う人もいる。

□**相撲《すもう》に勝って勝負に負ける**……勝負内容はよくても、結果的には負けること。

□**相手のない喧嘩はできない**……どんなに喧嘩が好きな者でも、相手がいないことには喧嘩はできないのだから、喧嘩をしかけられても相手になるなという戒め。「相手なければ訴訟なし」ということわざもある。

◎「人間の性」についてのことわざ

□**明日ありと思う心の仇桜《あだざくら》かな**……明日になると散ってしまう桜のように、「明日がある」と思っていると、チャンスを失うことになるという意味。

□**西と言えば東という**……ああ言えばこう言う。なお「西も東もわからない」は、土地の事情がわからないさま、あるいは物事を弁《わきま》える能力がないさま。

□**講釈師《こうしゃくし》見て来たような嘘をつき**……歴史物などを語る講釈師が、まるで自分で見てきたように語るさま。そこから、一般人が伝聞でいいかげんなことを言うことにも使う。これも、古川柳から生まれた言葉。

□**相手変われど主《ぬし》変わらず**……相手は次々と変わっても、こちらはいつも同じことを繰りかえしているという意味。

□**葬式すんで医者話**……今さら口にしてもしかたがないような愚痴話のこと。葬式がすんでから、他の医者にかかっていたらよかったかもと愚痴るようにという意味。

□**気が利いて間が抜ける**……よく気が利くようではあるが、肝心なところで間が抜けているさま。なお、〝気が効く〟と書かないように。

□**四角な座敷を丸く掃《は》く**……手を抜いた仕事をすることのたとえ。「居候四角な座敷を丸く掃き」という古川柳に由来する言葉とみられる。

□**人を謀《はか》れば人に謀らる**……人を謀ろうとすると、逆に人に謀られ、おとしいれられるものであるという戒め。

□**下手の道具調べ**……下手な者にかぎって、道具に文句をつけるものだというもの。「下手の道具立て」ともいう。「弘法は筆を選ばず」の〝反対語〟ともいえる言葉である。

□**隠すことは現る**……物事は、隠そうとすればするほど、かえって不自然なことが生じて、人の目をひいてしまい、逆に知れ渡ってしまうこと。そのように、隠しごとは難しいという戒め。

◎「武士」を主役にしたことわざ

□**武士に二言《にごん》なし**……武士は一度言ったことは、必ず守るという意。

□**一合取っても武士は武士**……禄高はごくわずか（一合）でも、武士には武士としての誇りや意地があるということ。

□**浪人しても武士は武士**……武士は、たとえ浪人していても、武士の意地や誇りがあるという意味。

□**哀《あわ》れを知るが誠の武士**……人の情けを理解できて、はじめて本当の武士といえるという意味。「強いばかりが武士じゃない」と同じ意味。

□**武士は相身互《あいみたが》い**……同じ立場にある者同士は、助け合うものだという意。

◎ちょっと「おもしろい」ことわざ

□**細工は流々《りゅうりゅう》仕上げをご覧《ろう》じろ**……方法はいろいろあるのだから、途中であれこれ口を出さず、結果を見てくれという意。「流々」はいろいろな流派という意味。

□**天狗《てんぐ》の投《な》げ文《ぶみ》**……怪しい手紙のこと。まるで、天狗が投げ込んだかのように、誰が出したのか、どこから来たのかわからないという意味。

□**尾張名古屋は城でもつ**……名古屋は、金の鯱《しゃちほこ》で有名な名古屋城が見どころであり、また自慢でもあるという意。もとは、江戸期後半に流行った俗謡の一節。

□**腹がすいてもひもじゅうない**……侍の子は、腹がへったときでも、ひもじいなどと弱音をはくものではないという意味。

□**赤きは酒の咎《とが》**……酒飲みのいいわけのセリフ。そこから、責任逃れの言葉を口にすること。顔が赤いのは、酒を飲んだ私のせいではなく、酒のせいという意。

□**だんだんよくなる法華《ほっけ》の太鼓《たいこ》**……物事や状況がしだいによくなること。日蓮宗信徒の打ち鳴らす団扇太鼓の音がだんだん大きくなるように、という意。

□**大家《おおや》と言えば親も同然**……時代劇や落語によく登場する言葉。このあと「店子《たなこ》と言えば子も同然」と続ける。実際、江戸時代の家主は、店子の結婚を承認するかどうかなど、親のような権限を持っていた。

□**大きい薬罐《やかん》は沸《わ》きが遅《おそ》い**……大きな薬罐には水が大量に入っているので、なかなか沸かないが、大量の湯を沸かすことかできる。そこから、大器晩成という意味。

□**皮一枚向けば美人もしゃれこうべ**……美人といっても、皮一枚むけば、その下はしゃれこうべという意。もとは、世の無常を表す古川柳。

◎人生の「あるある」が詰まったことわざ

□**世間は広いようで狭い**……世の中は広いようで狭いものという意味。ばったり知り合いにあったり、思いがけず共通の知人がいたときなどに使う言葉。

□**陰徳《いんとく》あれば陽報《ようほう》あり**……善いことを行えば、人に知られずとも、よい報いがあるものという意味。

□**埋もれ木に花咲く**……世間に埋もれているような不遇な者が脚光を浴びたり、幸運が訪れること。

□**所変われば水変わる**……土地が変わると、飲み水の質が変わるので注意せよという戒め。

□**瓦《かわら》を磨《みが》いても玉にはならぬ**……素質のない者は、いくら努力してもたかが知れているという意。ただし、「瓦も磨けば玉となる」という正反対の意味のことわざもある。

□**床の間の置物**……地位は高いが、実権はない者のこと。床の間には由緒ある品々が置かれているものだが、現実の用に役立つものではないことから。

□**早いばかりが能ではない**……仕事は早ければよいものではないという意。「早かろう悪かろう」という言葉もある。

□**吉事《きちじ》門を出でず**……善行（吉事）は噂にはなりにくく、人々にあまり知られないさま。一方、悪事のほうは噂になりやすく、「悪事千里を走る」ことになる。

□**芸は道によって賢し**……専門家は、自分の専門には精通しているものという意。「餅は餅屋」と同じ意味。

□**才子《さいし》才《さい》に倒れる**……才能ある者が自ら才能を過信するあまり、失敗すること。「策士策に溺れる」と、似た意味の言葉。

□**逆さにして振っても鼻血しか出ない**……文無し状態のこと。「逆さにして振っても鼻血も出ない」という人もいるが、金は出ないことを強調するためには、「鼻血しか出ない」というほうがふさわしい。

□**座を見て法を説け**……何かを行うときには、その場に合わせた方法を選べという意。「人を見て法を説け」（人に合わせて対処せよ）、「機によりて法を説け」（臨機応変に対処せよ）という言葉もある。

□**門松は冥土《めいど》の旅の一里塚**……正月を迎えるごと（門松を立てるごと）に、年齢を重ねるのだから、その分、冥土への帰らぬ旅が近づいているという意味。一休禅師が詠んだ歌の一部とされる言葉。

□**吐いた唾《つば》は飲めぬ**……一度口にした言葉は、なかったことにはできないという意。一方、「吐いた唾を飲む」は、いったん口にしたことを翻すという意味。

□**人は木石《ぼくせき》に非ず**……人は、木や石のような無感情なものではなく、さまざまな感情をもつものであるという意。「わが心、木石に非ず」のようにも使う。

□**欲と二人連れ**……自分に利益になるかどうかだけを判断基準にして、つねに行動すること。まるで、欲と二人連れで歩いているようであることから。

□**本丸から火を出す**……城の中心である本丸から火事を出すように、組織などの中心部で問題が生じたり、分裂したり、崩壊するさま。

□**丸くとも少し角《かど》あれ**……性格が丸いのはいいことであるが、世渡りでは、ただ丸いだけでもダメで、時と場合によっては、少し角を見せるくらいのほうがいい、という意。

◎この「成句」、知っていますか？①

□**運は天にあり**……運は天が決めるものであり、人間の力ではどうしようもないという意。とはいえ、ネガティブな心情を表す言葉ではなく、だからこそ、「運は天にまかせ、やれるだけやってみよう」というときに使う言葉。「命《めい》は天にあり」

も、ほぼ同様に使われる。

□**富貴《ふうき》天に在《あ》り**……富貴は、運によって得られるものという意。こちらは積極的な心情ではなく、「だから富貴を求めて、あくせくするな」という戒め。出典は『論語』。

□**国乱れて忠臣《ちゅうしん》現《あらわ》る**……本来は、国が乱れると、本物の忠臣は誰か、はっきりわかるという意。そこから、今は、国家の危機には忠臣が現れるものという意味で使われることが多い。『史記』に由来する成句。

□**君子は下問《かもん》を恥《は》じず**……立派な人物（君子）は、目下の者にも、教えを乞うことを恥じるようなことはないという意。『論語』に由来する言葉。

□**鶏群《けいぐん》の一鶴《いっかく》**……大勢の平凡な者（鶏）のなかに、一人だけすぐれた者（鶴）がまじっていること。「掃き溜めに鶴」と同じ意味の言葉。

□**巧遅《こうち》は拙速《せっそく》に如《し》かず**……上手でも遅いものは、下手でも速いものにかなわないという意で、『孫子』の兵法に由来。なお、「巧遅」を「巧緻」と変換ミスしないように。

□**千万人と雖《いえど》も吾往《われゆ》かん**……たとえ、敵や反対者が千万人いたとしても、自分の信じる道を進むという気概を表す言葉。出典は『孟子』。

□**大義親《しん》を滅す**……大事の前には肉親の情もかまわないという意。今は肉親に限らず、大義のためには私情を捨てるという意で使われている。

□**治《ち》にいて乱《らん》を忘《わす》れず**……平和（治）なときも、世の中が乱れた（乱）への備えを忘れないという意。万一の事態に備えて、準備を怠るなという戒めの言葉。

□**豹《ひょう》は死して皮を留《とど》め、人は死して名を留む**……豹が死んで皮を残すように、人は死後に名を残すように、心がけよという戒め。

◎この「成句」、知っていますか？②

□**三人虎を成す**……三人の人が虎がいるといえば、本当に虎をがいるように信じられるものという意。嘘で多くの人が口にすれば、いつしか事実と思われるようになるという意。

□**至《し》誠《せい》天《てん》に通ず**……真心をもって事にあたれば、その誠意はかならずや天に届いて、いい結果につながるという意。「至誠天に通ず、誠意をもってやるしかないよ」など。

□**疾《しっ》風《ぷう》に勁《けい》草《そう》を知る**……強い風が吹くことではじめて、風にも折れない強い草を見分けることができる。そこから、試練や苦難のさい、はじめて人の真価はわかるという意。勁は強いという意。

□**習慣は第二の天性**……習慣は生まれつきのものではないが、身につけば、それは第二の天性といってもよいもの。キケロの書『至善最高論』にある言葉。

□**豎子《じゅし》ともに謀るに足らず**……この男はたいした人物ではないので、ともに大きな謀りごとするには役不足であるという意。「豎子」は、子供や青二才という意味。『三国志』の鴻門の会の名場面で、項羽の軍師の范増《はんぞう》が項羽を罵っていう言葉。

□**上医《じょうい》は国を医《いや》す**……すぐれた医者（上医）は、戦乱や治安の乱れなど、国の病いを治すものであるという意。

□**大賢《たいけん》は愚《ぐ》なるが如《ごと》し**……ひじょうに賢い人は、知識や知恵を表に見せないので、一見、愚かなようにも見えるという意。

□**大欲は無欲に似たり**……大きな欲をもつ者は、小さな利益には目をくれないで、一見、無欲なようにも見えるという意。

□**跳ぶ前に見よ**……跳ぶ前に、着地点の安全を確かめよという意。軽はずみに動かず、注意して行動せよという戒め。「見る前に跳べ」という、まったく正反対の意味の言葉もある。

□**犯罪の陰《かげ》には女あり**……犯罪の動機には、女性問題がからんでいることが多いという意。フランスの言葉で、外交官のタレーランの言葉という説もある。有名になったのは、小デュマが小説で使ってから。

□**俯仰《ふぎょう》天に愧《は》じず**……うつむいてもあおいでも、天にはじることがない。かえりみて、自分の行動にはじる点はないという意。「愧」は「はじる」と訓読みする。

第7章
語源を知ることは、教養を身につける近道です〈欧米編〉

◎そういう歴史があることばだったんだ

□迷《まよ》える羊《ひつじ》――羊は何のたとえか?

新約聖書に登場する言葉で、神に導かれる人、大衆のことをいう。現代では、苦悩する人という意味でも使う。

新約聖書の『ルカの福音書』では、羊を罪人にたとえている。牧者が百匹の羊を飼っているとき、一匹の羊が迷子になってしまった。そのとき、牧者は、迷える一匹の羊を懸命に探し、探しあてたとき、他の九十九匹をさしおいて愛《め》でるであろう。それと同じで、迷える羊である一人の罪人が悔い改めたとき、神は他の九十九の善人をさしおいて祝福するであろう、とある。

□豚《ぶた》に真珠《しんじゅ》――意外なことに、新約聖書に由来する言葉

価値のわからない者には、貴重なものも意味がないたとえで用いる。新約聖書の『マタイの福音書』に由来し、そこには「真珠を豚に投げるな、おそらく足でこれを踏み、向き直って汝らを噛みさくであろう」とある。

聖書の生まれた地中海世界では、豚は不浄な生き物とされてきたことが、この言葉の背景にある。

□叩《たた》けよ、さらば開《ひら》かれん――有名な「山上の垂訓」の一節

ひたすら神に祈り救いを求めるなら、神はかならず応えてくれるという意味。新約聖書の『マタイの福音書』にある言葉。キリストは宣教二年目、ガリラヤ湖畔の山の上で信者に対して、キリスト教の根幹である「愛」について説く。それが有名な「山上の垂訓《すいくん》」で、この言葉はその一節にある。

いまはキリスト教以外の世界でも使われ、迷わず積極的な行動をとれば、おのずと道は開けるという意味でも使われている。

□笛《ふえ》吹《ふ》けども踊《おど》らず――これも、イエス・キリストの言葉

しっかり準備を整えたにもかかわらず、人がそれに応じて動きださないことをいう。新約聖書の『マタイの福音書』に由来。「笛を吹いてやっても、君たちは踊らなかった。弔いの歌を歌ってやっても、悲しまなかった」とある。ここで批判の対象となっているのは、ユダヤ教の一派であるパリサイ派。パリサイ派は律法の遵守《じゅんしゅ》を唱えた一派だが、形式主義的でもあった。イエス・キリストは彼らを正そうとしたが、それはできなかった。

□神《かみ》は細部《さいぶ》に宿《やど》る――誰が唱えたかわからない有名な言葉

芸術であれ、建築であれ、素晴らしいものは細部（ディテール）にまで

神経が行き届いているということ。逆にいえば、細部にまで力を注いでこそ、傑作になるということ。

誰が言いだしたか定かでないが、ドイツ出身の近代建築家ミース・ファン・デル・ローエが有力。彼には「より少ないことは、より豊かなこと」という言葉もある。ほかに哲学者ヴィトゲンシュタインや、小説家フローベールが唱えたという説もある。

□ローマは一日《いちにち》にしてならず――出典はあの名作

長い間の努力の積み重ねがなくては、大事業は完成しないことをいう。もとは、スペインのセルバンテスの名作『ドン・キホーテ』にある言葉。

この「ローマ」は、古代ローマ帝国のこと。地中海世界から中東の一部までを帝国領に組み入れたローマだが、もとはローマ周辺を領地とする小さな都市国家にすぎなかった。それがイタリア半島を制覇、やがてカルタゴと地中海の覇権争いに勝利し、しだいに大帝国を築いていく。そうなるまでには、長い歳月がかかっていたことから。

□時《とき》は金《かね》なり——ドル紙幣に肖像が描かれている人の言葉

英語でいえば、「タイム・イズ・マネー（Time is money）」。アメリカの政治家ベンジャミン・フランクリンの言葉として名高い。時間は貴重であり、お金を生み出すほどに有効なものだから、浪費してはならないという戒めである。

フランクリンは合理主義者として知られ、実業家としても政治家としても成功、いまもアメリカ人の理想的な生き方の指針となっている人物といってもいい。一〇〇ドル紙幣にも、彼の肖像が描かれている。

□賽《さい》は投《な》げられた——カエサルの正念場での言葉

行動に移したかぎりは、ただ実行するのみであるという意味。何かに挑戦し、後戻りできないときに、よく使われる。

古代ローマの英雄カエサルが、ローマで政権を掌握するためには、軍勢とともに任地のガリア（今のフランス地方）からローマに戻る必要があった。イタリアへの行く手にはルビコン川があり、軍勢を率いてルビコン川を渡ることは、ローマの法を破り、元老院との全面対決を意味した。カエサルはためらったものの、ついに決断、この言葉を吐いたのだ。「ルビコンを渡る」も、同じ故事から生まれた言葉。

□悪貨《あっか》は良貨《りょうか》を駆逐《くちく》する――どんな経済法則か？

有名な経済法則「グレシャムの法則」として知られる言葉。かつて、国（国王）が貨幣に含まれる金銀の量を減らし、同一価値で流通させることがあった。イギリスの財政家グレシャムはこれを批判。金の含有量の少ない悪貨と含有量の多い良貨を同じ価値として同時に市場に出せば、良貨は蓄えられてしまい、悪貨のみが市場にはびこると説いた。

今は、質の悪い人間を放っておくと、よい人間までが染まって悪くなるという意味でも使われている。

□弱《よわ》き者《もの》よ汝《なんじ》の名《な》は女《おんな》なり――ハムレットが口にした言葉

女性の貞操観念・道徳の緩さを嘆くときに用いる言葉。あるいは、単に女性の弱さを嘆くときにも用いる。シェイクスピアの悲劇『ハムレット』の中に登場するセリフ。デンマークの王子ハムレットは、父をひそかに殺し、王の座を奪った叔父に対して復讐を誓っていた。ところが、その叔父と実母が関係していることを、ハムレットは知る。動転したハムレットが思わず口にするのが、この言葉。

□ソクラテスの妻《つま》――悪妻の代名詞になったのは?

悪妻の代名詞として使われる言葉。古代ギリシャの哲学者ソクラテスの妻クサンティッペの悪妻ぶりは有名だった。ソクラテスに暴言を吐くばかりでなく、暴力をふるうこともあった。ソクラテスはそれに耐えて、結婚生活をつづけた。

なぜ、そんなひどい結婚生活をつづけているのかと問われたとき、ソクラテスはこう答えた。「あの妻をうまく御することができるなら、この世界のどんな人物でも御すことができるようになるから」。ソクラテスの妻は、ソクラテスにとって人生の練習台だったのだ。

□パンドラの箱《はこ》――パンドラってどんな女性？

人間が知ろうとしてはならないもののたとえで使われる。パンドラとは、ギリシャ神話に初めて登場する人間の女性。ゼウスは、パンドラを地上に送りこむとき、箱を持たせた。

ゼウスは、パンドラに「絶対に開けてはいけない」と伝えるが、パンドラは好奇心から、箱を開けてしまう。すると、箱の中からあらゆる罪悪、災難が飛び出し、人類は不幸に見舞われるようになった。そして、箱には唯一「希望」が残っていたという。

□来《き》た、見《み》た、勝《か》った——どんな戦いで使われた言葉?

古代ローマの英雄・カエサルが、ローマ在住の知人に送った報告文にある言葉。当時、カエサルは宿敵ポンペイウスを倒し、ローマの内乱の勝者となっていた。その混乱に乗じ、小アジアの敵対勢力が反乱をおこし、カエサルはその平定を急いだ。最大の戦いはポントス王とのゼラでの決戦であり、カエサル率いるローマ軍は圧勝、カエサルはその電光石火の機動作戦ぶりをこの簡潔な名セリフでローマに伝えたのである。

□象牙《ぞうげ》の塔《とう》——どんなときに使われた言葉?

現実を踏まえない学究生活や研究室という意味で使われる。十九世紀フランスの批評家サント・ブーヴが、作家のアルフレド・ヴィニーの創作態度を批評したときの言葉。

サント・ブーヴは近代批評の祖ともいうべき人物で、その批評は鋭かった。彼にいわせれば、ヴィニーはあまりに芸術至上主義であり、俗世間とは無縁のようだった。今の日本では芸術家よりも、もっぱら学者や医者の世界を皮肉る言葉として用いられている。

□汝自身《なんじじしん》を知《し》れ――ソクラテスは意味をどう変えたか？

ギシリヤ・デルフォイのアポロン神殿に掲げられていた言葉。アテネの立法家ソロンの言葉であり、もとは自分の分限を忘れるなという意味だった。

その意味が、哲学者ソクラテスによって大きく変わる。自分が無知であることを自覚し、その自覚の上で、真の知を獲得し、正しい行為をせよという意味となり、今に伝えられる。ソクラテスにとって、この言葉は自分の精神を探究し、行動の規範となる言葉だったのだ。

□大山鳴動《たいざんめいどう》して鼠一匹《ねずみいっぴき》——出典は、中国ではなく、古代ローマ

まえぶれの騒ぎばかりが大きく、実際の結果の小さなことのたとえ。日本では「大山鳴動」が四字熟語化しているので、古代中国の物語が原典と思っている人が多いだろうが、この言葉のルーツは古代ローマにある。古代ローマの詩人・ホラティウスは、「山々が産気づいて、滑稽な二十日鼠が一匹生まれる」と残している。つまりは、山々が大騒ぎして、生まれたのは一匹の二十日鼠だけだったという意味。

第8章

〝ことば力〟のある人は、四字熟語を上手に使っています

◎一瞬で読みたい！ 正しく使いたい！ 四字熟語①

□**十中八九**

□**悲喜交々**

□**異口同音**

□**紳士協定**

〔じっちゅうはっく〕 十のうち、八か九はという意味。「じゅっちゅう」と読まないように。

〔ひきこもごも〕 喜びと悲しみが交互にやってくること。「悲喜交々の人生」など。

〔いくどうおん〕 口をそろえて言うこと。「異句同音」と書かないように。

〔しんしきょうてい〕 正式な形にはしないが、相手を信頼

□一朝一夕

□物見遊山

□贅沢三昧

□因果応報

□融通無碍

して結ぶ約束のこと。

〔いっちょういっせき〕　短い時間のこと。「一朝一夕で片づく問題ではない」など。

〔ものみゆさん〕　見物しながら遊びまわること。「物見遊山に出かける」など。

〔ぜいたくざんまい〕　思うままに贅沢に暮らすこと。「贅沢三昧に暮らす」など。

〔いんがおうほう〕　過去の行為がもとになって、その報いが現在の善悪に現われること。

〔ゆうずうむげ〕　滞らせることなく、物事を進め、適切に対

□**悪口雑言**

□**起死回生**

□**津津浦浦**

□**百鬼夜行**

□**天地神明**

応すること。「融通無碍な対応」など。

〔**あっこうぞうごん**〕　思いつくかぎりの悪口のこと。「悪口雑言を浴びせかける」など。

〔**きしかいせい**〕　滅亡や崩壊の危機にあるものをよみがえらせること。もとは、死に瀕した病人を生き返らせる意。

〔**つつうらうら**〕　全国いたるところ、国中という意味。「津」は船着場、「浦」は海岸のこと。

〔**ひゃっきやこう**〕　夜、さまざまな妖怪が現れ、列をなして歩くこと。「ひゃっきやぎょう」とも読む。

〔**てんちしんめい**〕　天地の神々、すべての神々という意味。

「天地神明に誓って約束する」などと使う。

◎一瞬で読みたい！ 正しく使いたい！ 四字熟語②

□**有耶無耶**

〔うやむや〕 あいまいなこと。「耶」は疑問を投げかけたり、問いかけたりする語。

□**後生大事**

〔ごしょうだいじ〕 とても大事にする様子。「後生」は「来世」のことで、来世まで大事にするという意。

□**天地無用**

〔てんちむよう〕 ひっくり返してはいけないという意味。この「天地」は「上下する」という意味の動詞。

□鎧袖一触

□曖昧模糊

□単刀直入

□風林火山

□旗幟鮮明

〔がいしゅういっしょく〕　簡単に敵を打ち負かすこと。鎧の袖が少し触れる程度の力で、相手を倒してしまうという意。

〔あいまいもこ〕　ぼんやりして、はっきりしない様子。「曖昧模糊として予測がつかない」など。

〔たんとうちょくにゅう〕　前置きをせずに、いきなり本題に入ること。一人きり（単）で刀を持って、敵陣に切り込む様子から。

〔ふうりんかざん〕　孫子の「兵法」にある言葉で、戦術のあり方を示している。武田信玄が軍旗に用いた言葉でもある。

〔きしせんめい〕　立場がはっきりしていること。「旗幟」は

□女人禁制

□率先垂範

□森羅万象

□流言蜚語

□閑話休題

旗とのぼりのこと。

〔にょにんきんぜい〕　寺社などに女性が入ることを禁じること。「きんせい」と濁らずに読んでもいい。

〔そっせんすいはん〕　人に先駆け、模範となること。この「範」は「模範」「手本」を表す。

〔しんらばんしょう〕　宇宙に存在するすべてのもの。「森羅」は無限に並ぶこと、「万象」は形あるものすべて。

〔りゅうげんひご〕　根拠のない、いいかげんな噂。「蜚」は「飛ぶ」という意味。「流言蜚語に惑わされる」など。

〔かんわきゅうだい〕　それた話を本筋に戻すときに使う言

葉。「閑話」は無駄話、「休題」はやめること。この四字で「それはさておき」と読ませることもある。

◎一瞬で読みたい！ 正しく使いたい！ 四字熟語③

□**侃侃諤諤**

〔**かんかんがくがく**〕 遠慮することなく盛んに議論をする。なお「けんけんがくがく」という言葉はない。

□**喧々囂々**

〔**けんけんごうごう**〕 こちらは、多くの人が騒ぎたてる様子。「侃々諤々」と混同・混用しないように。

□**片言隻語**

〔**へんげんせきご**〕 短かな言葉。「片言隻語に注意して話を聞く」など。

□人品骨柄

□有為転変

□秋霜烈日

□博覧強記

□抜山蓋世

〔じんぴんこつがら〕 その人にそなわっている品性・性格。「人品骨柄怪しからぬ人物」など。

〔ういてんぺん〕 この世のすべてのことは移り変わるという意味。

〔しゅうそうれつじつ〕 非常に厳しいことのたとえ。秋の霜と夏の日差しは厳しいものであることから。なお、日本の検察官のバッジは、「秋霜烈日章」などと呼ばれている。

〔はくらんきょうき〕 何でもよく知っていること。「博覧」は多くの書物を読む、「強記」はよく記憶しているという意。

〔ばつざんがいせい〕 山を引き抜くような腕力と、世をお

□夜郎自大

□文人墨客

□慇懃無礼

□明眸皓歯

おうような気力があるということ。

〔やろうじだい〕　自分の力量をわきまえずにいばっていること。夜郎国という小国の王の故事から。

〔ぶんじんぼっかく〕　風流な趣味人のこと。「文人墨客に親しまれた名勝」など。「ぼっきゃく」と読まないように。

〔いんぎんぶれい〕　表面的な態度は丁寧（慇懃）だが、心の中では相手を軽くみている（無礼）様子。

〔めいぼうこうし〕　美人のたとえ。眸は「ひとみ」と訓読みし、「明眸」は目もとの美しさ、「皓い」で「しろい」と読み、「皓歯」は歯が白く美しいことを表す。

□海千山千

□国士無双

□付和雷同

□一騎当千

□曲学阿世

〔うみせんやません〕　したたかで、一筋縄ではいかない人のたとえ。蛇でも海と山に千年ずつ住めば、竜になるいう言い伝えから。

〔こくしむそう〕　並ぶものがないほど、優れた人。漢の将軍、韓信がこう評された。

〔ふわらいどう〕　人の意見に無批判に同調すること。「付和」は人の意見に付くこと、「雷同」は雷鳴に応じて鳴り響くこと。

〔いっきとうせん〕　並はずれて強いことのたとえ。たった一人で千人の敵と戦えるほど強いという意味。

〔きょくがくあせい〕　名声や利益のため、世におもねり、真

□面壁九年

□十人十色

□一視同仁

□五臓六腑

理を曲げること。「曲学」は真理から外れた学問のこと。

〔めんぺきくねん〕 長い間耐え忍んで努力すること。達磨大師が九年の間、壁に向かって座禅を組み、悟りを開いた故事から。「きゅうねん」ではない。

〔じゅうにんといろ〕 考え方や性格、嗜好は人それぞれに違うこと。

〔いっしどうじん〕 すべての人を分け隔てなく愛すること。唐の韓愈が、蛮族や鳥獣も愛すべきだとして唱えた言葉。

〔ごぞうろっぷ〕 すべての内臓。そこから、腹の中や心の中を指す言葉。なお、五臓は、肝臓・心臓・脾臓・肺臓・腎臓。

◎一瞬で読みたい！　正しく使いたい！　四字熟語④

□三位一体

□傍目八目

□永字八法

〔さんみいったい〕　三つのものが本質的には一つであること。現代では、三者が協力しあうという意味でも使われる。

〔おかめはちもく〕　第三者は客観的に情勢判断できること。人が打つ碁を横から見ていると、よく手が読めることから。

〔えいじはっぽう〕　「永」を書くための八通りの筆使いを学べば、すべての字に共通する筆法が習得できるという意。

□百家争鳴

□一陽来復

□胸突八丁

□明鏡止水

□不撓不屈

〔ひゃっかそうめい〕　学者や論客が自由に意見を発表し、論争し合うこと。「百家」は孔子や孟子など、古代中国の諸家のこと。

〔いちようらいふく〕　悪いことが続いたあと、よい方向へ向かうという意。もとは、冬が去り、春がやってくること。

〔むなつきはっちょう〕　物事を成し遂げるうえで、難関となるところ。山道の険しい急な坂のことから。

〔めいきょうしすい〕　邪念がなく、静かに澄んだ心境。「明鏡」はくもりのない鏡、「止水」は止まっている水のこと。

〔ふとうふくつ〕　どんな困難にも負けないことのたとえ。「撓」はたわむこと、「屈」はくじけることを表す。

□臥薪嘗胆

□緊褌一番

□一期一会

□虚心坦懐

□大願成就

〔がしんしょうたん〕　仇を討つまで、自分をあえてつらい立場に追いやること。堅い薪の上で臥し、苦い胆を嘗めるという意。

〔きんこんいちばん〕　心をひきしめて、事に当たること。「緊褌」は褌をしっかり締め上げること。

〔いちごいちえ〕　一生に一度という意。もとは、千利休が説いた侘茶《わびちゃ》の心得からきた言葉。

〔きょしんたんかい〕　先入観をもたずに、物事に臨む態度。また、そうしたわだかまりのない心境のこと。

〔たいがんじょうじゅ〕　願ったことがかなうこと。「神仏に大願成就を願う」など。

□**会者定離**

〔**えしゃじょうり**〕　出会った人とは必ず別れのときがくるという意。仏教で人生の無常を説いた言葉。

◎スラスラ読みたい！　上手に使いたい！　四字熟語①

□**泰然自若**

〔**たいぜんじじゃく**〕　ゆったりと落ち着いているさま。「泰然自若とした態度」など。

□**行雲流水**

〔**こううんりゅうすい**〕　雲や水のように、成り行きにまかせること。「行雲流水の旅」など。

□知行合一

□盛者必衰

□切歯扼腕

□一日千秋

□隔靴掻痒

〔ちこうごういつ〕　知っている知識は実践しなければならないという意味。陽明学の真髄を表す言葉。「ちぎょうごういつ」とも読む。

〔じょうしゃひっすい〕　栄えたものは必ず衰えること。『平家物語』の一節にも使われている言葉。「しょうじゃ」は誤読。

〔せっしやくわん〕　ひどくくやしがり、怒ること。「切歯」は歯ぎしり、「扼腕」は自分の腕を握り締めること。

〔いちじつせんしゅう〕　一日を千年に感じるほど、待ち遠しいという意味。「一日千秋の思いで待ち焦がれる」など。

〔かっかそうよう〕　思いどおりにいかない、もどかしいと

□青天白日

□順風満帆

□隠忍自重

□五里霧中

いう意。かゆい部分を靴の上から掻いても効果がないことから。

〔せいてんはくじつ〕　やましいことがない、無実が明らかになるという意。文字通り、よく晴れた天気という意味もある。

〔じゅんぷうまんぱん〕　物事がうまく進む様子。追い風（順風）を受けた船がすいすい進むことから。

〔いんにんじちょう〕　苦しみを忍び、行動をつつしむこと。「隠忍自重して好機をうかがう」など。

〔ごりむちゅう〕　事情がつかめず、見通しが立たないさま。張揩という人物が仙術によって五里もの霧を起こした故事

□是々非々

□興味津々

□疑心暗鬼

□周章狼狽

から。

〔ぜぜひひ〕 よいことはよい、悪いことは悪いと個々に判断すること。「是々非々の態度で取り組む」など。

〔きょうみしんしん〕 ひじょうに興味があること。「津々」はどんどんと湧いてくる様子を表す。

〔ぎしんあんき〕 一度、疑う気持ちが生まれると、何でもないことまで、疑わしく思えること。「暗鬼」は実際にはそこにいないのに、その姿が見えるような気がする鬼のことで、不安や妄想を表す。

〔しゅうしょうろうばい〕 うろたえ、あわてふためくこと。「周章」も「狼狽」も、うろたえることを表す。

◎スラスラ読みたい！ 上手に使いたい！ 四字熟語②

□**玉石混淆**

□**切磋琢磨**

□**群雄割拠**

〔ぎょくせきこんこう〕 優れたものと劣ったものとが入り混じっている状態。「玉」は優れたもの、「石」は劣ったもののたとえ。

〔せっさたくま〕 友人やライバルが互いを高め合うこと。学問や道徳を磨くこと。石や骨を磨き、形作ることから。

〔ぐんゆうかっきょ〕 武将など（群雄）が各地を地盤にし（割拠）、勢力を争って対立すること。

□甲論乙駁

□上意下達

□一衣帯水

□多士済済

□杯盤狼藉

〔こうろんおつばく〕　互いに意見を主張し合い、結論がまとまらないこと。甲が何か論じれば、乙が反論するという意。

〔じょういかたつ〕　上の命令が下に伝わること。「上意下達のピラミッド型の組織」など。

〔いちいたいすい〕　一筋の着物の帯のような狭い水（海や川）に隔てられているものの、距離は近いこと。

〔たしせいせい〕　優秀な人間がたくさんいること。「多士」は多くの人材、「済済」は多くて盛んな様子。

〔はいばんろうぜき〕　酒席のあと、杯や皿などの食器が散らかっている様子。そこから、乱れた酒宴の様子を表す。

□唯唯諾諾

□阿鼻叫喚

□空中楼閣

□自業自得

□牽強付会

〔いいだくだく〕　他人の言いなりになる様子。何ごとにもはいはいと従う様子。もとは中国の韓非子が使った言葉。

〔あびきょうかん〕　酷《むご》たらしい様子。もとは、地獄の一つである阿鼻地獄に落ちた者が、苦痛であげる叫び声のこと。

〔くうちゅうろうかく〕　根拠のない絵空事。もとは、空中に築かれた高い建物、あるいは蜃気楼を表わす言葉。

〔じごうじとく〕　悪い行いの報いを自分で受けること。「彼が破産したのは自業自得だ」など。

〔けんきょうふかい〕　自分の都合のいいように、理屈を強引にこじつけること。

□自家撞着

□冷汗三斗

□荒唐無稽

□権謀術数

□有象無象

〔じかどうちゃく〕　言動などが矛盾していること。「撞着」は突き当たるという意で、論理が行き詰まる様子を表している。

〔れいかんさんと〕　たいへんな冷や汗をかくこと。一斗は一升の十倍だから、三斗は一升瓶三十本分の量。

〔こうとうむけい〕　とりとめがなく、根拠もない話。「荒唐」はおおげさな話、「稽」は考えること。

〔けんぼうじゅつすう〕　人を巧みにだます謀《はかりごと》。権謀は臨機応変の謀、術数は政治や戦争の場での謀を指す。

〔うぞうむぞう〕　とるにたらない人々。「有象無象が集まってくる」など。

◎スラスラ読みたい！ 上手に使いたい！ 四字熟語③

□**馬耳東風**

〔**ばじとうふう**〕 人の意見に耳を傾けず、聞き流すこと。馬は東風（春を告げる風）が吹いても喜びもしないことから。

□**竜頭蛇尾**

〔**りゅうとうだび**〕 初めは勢いよく、終わりは振るわないという意。頭は竜のよう、尾は蛇のようという意味。

□**朝令暮改**

〔**ちょうれいぼかい**〕 法令や命令が次々に変って定まらないこと。朝の命令が夕方には改められたという故事に由来。

□**手練手管**

〔**てれんてくだ**〕 人を思いどおりに操り、だます技巧。「手

□拈華微笑

□遅疑逡巡

□道聴塗説

□揣摩臆測

練手管にしてやられる」など。

〔ねんげみしょう〕 心から心に伝えること。釈迦が蓮の華をひねったところ、迦葉《かしょう》という者がその意味を理解し、微笑したという故事から。

〔ちぎしゅんじゅん〕 物事を疑い、判断に迷って、ためらうこと。「遅疑逡巡していてはチャンスを失う」など。

〔どうちょうとせつ〕 いいかげんな噂話をすること。路上で聞いた話をすぐに受け売りすることを孔子がたしなめたという故事から。

〔しまおくそく〕 事情や他人の気持ちを推し量ること。「揣摩」も「臆測」も、推量することを表す。

□怨憎会苦

□比翼連理

□欣喜雀躍

□偕老洞穴

□白砂青松

〔おんぞうえく〕　憎い相手とも会わなければならない苦しみ。仏教でいう人間の八つの苦しみの一つ。

〔ひよくれんり〕　男女の仲がむつまじいことのたとえ。唐の詩人、白居易の詩の一節から。

〔きんきじゃくやく〕　雀が踊るように、小躍りして大喜びするさま。

〔かいろうどうけつ〕　夫婦が年をとるまで仲良く暮らすこと。『詩経』の「子と偕（とも）に老いん、死してはすなわち穴を同じくせん」から。

〔はくしゃせいしょう〕　浜辺などの美しい風景。白い砂浜

□羽化登仙

□祥月命日

□斎戒沐浴

□手前味噌

と青々とした松という意味。「はくさ」と読む人が多いが、辞書は「はくしゃ」を見出し語にしている。

〔うかとうせん〕 よい気分になることのたとえ。もとは、羽が生えて仙人になり、天に昇ることを表す。

〔しょうつきめいにち〕 故人が死去した月日と同じ月日のこと。「祥月命日の法要を行う」など。

〔さいかいもくよく〕 心と体の不浄を清めること。神仏に祈る前に、飲食や行動を慎み、心身を清めること。

〔てまえみそ〕 自分や身内の自慢のこと。自家製の味噌の味を自慢することから、この意味が生じた。

□沈魚落雁

□風声鶴唳

□妄言多謝

□蒟蒻問答

〔ちんぎょらくがん〕　絶世の美女のたとえ。魚が驚いて沈み、雁が驚いて落下するほどの美人という意味。

〔ふうせいかくれい〕　戦い敗れた兵たちが、ささいな音にもびくびくして恐れるさま。「鶴唳」は鶴の鳴き声のこと。

〔もうげんたしゃ〕　不用意に言った自分の言葉を深くお詫びするという意味。なお「妄言を吐く」は、いいかげんなことを言い散らすさま。

〔こんにゃくもんどう〕　とんちんかんな会話や返事を意味する語。古典落語の『蒟蒻問答』に由来する。「まるで蒟蒻問答だね」など。

◎悪口がなぜか格調高く聞こえる四字熟語①

□**直情径行**

〔ちょくじょうけいこう〕 自分が感じたままに、相手の気持ちを考えることもなく、行動すること。単純で考えが浅い行動のたとえ。「径行」は、心に浮かんだことを即行動に移すこと。

□**無芸大食**

〔むげいたいしょく〕 とくに秀でた才能や取り柄《え》がないにもかかわらず、食べることに関しては、人並みはずれていること。大人社会では自らへりくだってこういう場合が多い。

□**自画自賛**

〔じがじさん〕 自分で自分のことをほめること。「自画」は

□自縄自縛

□挙動不審

□軽挙妄動

自分で描いた絵。「自賛」は自分でほめ言葉を書くこと。「自画自賛が過ぎる」など。

〔じじょうじばく〕　自分の縄で自分を縛るように、自分の言動によって、行動が制限されてしまうこと。「自縄自縛におちいる」など。

〔きょどうふしん〕　態度や動作が不自然で疑わしいこと。「挙動」は立ち居振る舞い、「不審」は怪しい様子のこと。「挙動不審を疑われる」など。

〔けいきょもうどう〕　深く考えず、軽々しく行動すること。「軽挙」は軽はずみな行動、「妄動」は無分別な行動。「軽挙妄動に走る」など。

□阿諛追従

□右顧左眄

□頑迷固陋

□薄志弱行

□一知半解

〔あゆついしょう〕　相手の機嫌を取ろうとして、媚びへつらうこと。「阿諛」はおもねること、「追従」はへつらうこと。「阿諛追従が過ぎるよ」など。

〔うこさべん〕　様子を見ながら、どちらの味方につこうか迷っている様子。「顧」は振り向くこと、「眄」は流し目で見ること。

〔がんめいころう〕　かたくなな態度で、自分の考えに固執していること。「頑迷固陋な態度」など。

〔はくしじゃっこう〕　意志が弱い（薄志）うえ、実行力にも欠ける（弱行）こと。

〔いっちはんかい〕　少しは知っているが、よくは理解していないこと。

□**我田引水**

〔がでんいんすい〕　「自分の田にだけ水を引く」ように、自分に都合よく物事を解釈したり、行動したりすること。

□**首鼠両端**

〔しゅそりょうたん〕　態度を決めかね、どっちつかずの態度を取ること。穴から顔を出した鼠が左右（両端）をうかがう様子から。

◎悪口がなぜか格調高く聞こえる四字熟語②

□**浅学非才**

〔せんがくひさい〕　学問や見識が浅く、才能が乏しいこと。「非才」は「才能が劣っている」という意味。「浅学非才の身

□前代未聞

□青息吐息

□前後不覚

□石部金吉

ながら」などと、自分のことをへりくだって用いる言葉。

〔ぜんだいみもん〕　これまでに一度も聞いたことがないような、ひじょうに珍しいこと。「前代未聞の不祥事」など、不名誉な事柄に使われることが多い。

〔あおいきといき〕　苦痛にため息をついて、苦しむ様子。「青息」は苦痛を我慢できないときの息、「吐息」はため息のこと。

〔ぜんごふかく〕　物事の前後の区別もつかなくなるほど、意識を失うこと。「不覚」は意識がない状態のこと。

〔いしべきんきち〕　生真面目すぎて融通がきかない人。硬い石と金を並べて人名のように見立てた言葉。

◎すべて数字の「一」からはじまる四字熟語

□一気呵成

〔いっきかせい〕 短時間に物事を一気に成し遂げること。「一気」は一呼吸、「呵」は息を吐くという意味。「一気呵成に仕上げる」など。

□一瀉千里

〔いっしゃせんり〕 流れ出した川の水が、たちまち千里の距離を流れ下ることから、物事がひじょうに速く進むことのたとえ。「瀉」は水が流れること。「一瀉千里の勢い」など。

□一蓮托生

〔いちれんたくしょう〕 最後まで運命をともにすること。もとは、極楽の同じ蓮華の上で生まれ変わるという意。「こ

□一切合切

□一罰百戒

□一意専心

□一言一句

こまでくれば一蓮托生ですからね」など。

〔いっさいがっさい〕　何もかも残らずすべて。「一切」と「合切」は、ともに「すべて」という意味で、それを重ねて強調した表現。「一切合切投げ捨てる」など。

〔いちばつひゃっかい〕　一人の悪人に対して、厳しい罰を与えることによって、その他大勢の者を、同じような罪を犯さないようにと戒めること。

〔いちいせんしん〕　他のことに心を向けることなく、ただひたすら、ひとつのことだけに心を集中する様子。

〔いちごんいっく〕　わずかな言葉。「一言一句聞き漏らさないように注意する」など。

□一念発起

□一喜一憂

□一挙両得

□一世風靡

□一刀両断

〔いちねんほっき〕　物事を成し遂げるようと強く決心すること、努力すること。もとは仏教用語で、深く思いつめて仏門に入ることをいった。

〔いっきいちゆう〕　状況が変化するごとに、喜んだり悲しんだりすること。「戦況に一喜一憂する」など。

〔いっきょりょうとく〕　ひとつの行動で、同時にふたつの利益を得ること。「一挙」はひとつの行動。

〔いっせいふうび〕　世の中をリードし、一つの方向に向かわせること。流行をつくりだすこと。「靡」はなびくの意。

〔いっとうりょうだん〕　一刀のもとに物をまっぷたつに断

ち切ること。ためらいのない決断で、物事を思い切って処理すること。

◎教養ある大人のためのハイレベルな四字熟語

□脚下照顧

〔きゃっかしょうこ〕　禅宗の言葉で、「足もとを見よ」という意。外に真理を求めるのではなく、まずは自分自身を見つめよという意。そこから、人のことをとやかく言うまえに、自分の言動を反省せよという文脈でも使われる。

□孤城落日

〔こじょうらくじつ〕　援軍もなく、孤立した城が、西に沈む夕日に照らされ寒々しいさま。そこから、孤立して頼るあてもなく、心細い様子。「孤城落日の思いがする」など。

□神韻縹渺

□大器小用

□天佑神助

□泰山北斗

〔しんいんひょうびょう〕　たとえようもないほど、趣きがあるさま。「神韻」は人間わざとは思えないすぐれたこと。「縹渺」は遠くはるかなさま。「神韻縹渺とした風景」など。

〔たいきしょうよう〕　才能ある人物（大器）に、つまらない仕事（小用）をさせること。人材を十分に生かしていないさま。

〔てんゆうしんじょ〕　天の助けと神の加護。「佑ける」で「たすける」と読む。「天佑神助を願う」、「天佑神助に恵まれる」など。

〔たいざんほくと〕　その道の最高の権威者。「泰山」は天子が祭祀を行った霊山、「北斗」は北斗七星のこと。

▼四字熟語に入った「動物」がわかりますか?

*□の中に動物を表す漢字を入れて四字熟語を完成させてください。

□□奮迅

君子□変

□突猛進

〔獅子〕　獅子が奮い立ったときのように、激しい勢いがあること。または勇敢に闘うさま。

〔豹〕　現在では、単に態度を急に変えるという意味で使われているが、本来は「君子は自分の過ちに気づくとすぐに改める」という意味。

〔猪〕　突進してくる猪のように、向こうみずに物事を進め

□視眈々

南船北□

□飲馬食

千軍万□

ること。冷静な状況判断を欠いたまま、後先を考えずに行動すること。

〔虎〕野望を抱いた者が機会をうかがうこと。獲物を見つけた虎がじっと狙う様子から。

〔馬〕あちこち旅して回ること。中国大陸は、南は川が多く船で旅し、北は陸地が多く馬で旅したことから。

〔鯨〕鯨のごとく飲み、馬のごとく食らうこと。

〔馬〕戦闘の経験が豊富であること。「千軍万馬の猛将」など。

▼四字熟語に入った「数」がわかりますか？

＊□の中に数を表す漢字を入れて四字熟語を完成させてください。

□面六臂

□寒四温

〔八〕 一人で多方面にわたって、何人分もの大活躍をすること。「臂」は腕のことで、もとは顔が三つ、手が六本あった仏像に由来する語。

〔三〕 冬から春に移り変わる時期、寒い日が三日間続いたと思ったら、その後四日間は暖かい日が続くように、周期的に繰り返される気象現象のこと。

□古不易

朝□暮四

□里結界

□根清浄

〔万〕　遠い昔から未来まで、いっさい変わらないこと。「万古」は遠い昔、または永久。「不易」は変わらないこと。

〔三〕　巧みな言葉でだますこと。猿回しが餌の栗を「朝三つ、夜四つにする」と言うと、猿たちは怒ったが、「朝四つ、夜三つにする」と言うと喜んだという故事から。

〔七〕　もとは、七里四方に境界線を定めて結界を設け、魔物などから身を守ること。転じて、人嫌いになって、人を寄せ付けないことをいうこと。

〔六〕　迷いや欲望を断ち切り、清い精神でいること。「六根」は、人間が迷う原因となる眼・耳・鼻・舌・身・意の六つの感覚器官のこと。

▼ありがちなネガティブ表現を四字熟語に言い換えてみよう

ありがち

〔**同工異曲**〕 見かけは別のようでも、中身は似たりよったりであること。「同工」は手際、工法などが同じであること。

ひどすぎる

〔**言語道断**〕 言い表せないほど、ひどいこと。「道断」は仏教語で、本来は「言う道を断たれるほど、奥深い真理」という意味。今は「言葉にできないほどひどい」という意。

つまらない

〔**無味乾燥**〕 味わいがないこと。「無味」は面白みがないこと、「乾燥」はうるおいが足りないこと。「無味乾燥な文章」など。

中身がない

お話にならない

かわりばえがしない

人でなし

〔有名無実〕 うわべは立派だが、実体は無価値であること。「有名」は名前が立派なこと、「無実」は中身が伴わないこと。

〔笑止千万〕 お話にならないほど愚かな言動。「笑止千万な話」など。

〔千篇一律〕 どれも同じようで、面白みがないこと。「千篇」は「数多くの詩文」という意味、「一律」は「同じ調子」という意味。

〔人面獣心〕 顔は人の形をしていても、心は獣同然で、義理人情、恥を知らない無慈悲な者。

第9章

語源を知ることは、教養を身につける近道です〈四字熟語編〉

◎四字熟語は、その「いわれ」が面白い

□合従連衡《がっしょうれんこう》――「従」「衡」の意味、わかりますか？

時々の利害に応じて、結んだり離れたりする外交政策のこと。中国の戦国時代に登場した言葉だ。当時、秦が強国として台頭、残る六国は秦にどう対するかを迫られていた。そのさい、策士・蘇秦《そしん》が唱えたのが「合従」策で、六国が縦（従）、つまり南北の国々が結んで秦に対抗しようとした。

これに対し、蘇秦と同門の士・張儀《ちょうぎ》は秦側に立ち、「連衡」の策を立てた。「衡《よこ》」に連なる、つまり六国をバラバラに孤立させ、秦が吸収していこうという策。連衡の策は当たり、ついに中国は秦によって統一された。

□呉越同舟《ごえつどうしゅう》――「呉越」は何のたとえ?

仲の悪い者同士が同じ場所にいること。中国・春秋時代の戦乱に起源がある言葉だ。

呉と越には深い因縁があり、抗争を繰り返していた。越王・勾践は呉を打倒するものの、呉王・夫差は越への復讐を誓い、ついには越王・勾践を下す。命は助けられた越王・勾践もまた復讐を誓い、艱難辛苦に耐え、呉を破り、夫差を自害に追い込んだ。血で血を洗う抗争から、「呉越」というだけで険悪な仲のたとえとなった。

□温故知新《おんこちしん》――昔は今とはビミョーに違う意味

中国の思想家・孔子の『論語』にある言葉。「故《ふる》きを温《たず》ね新しきを知れば、もって師となるべし」という一節の一部。日本では「師となるべし」の部分が除かれ、「温故知新」の部分のみを「昔のことを調べ、そこから新しい知識を得る」という意味で、よく用いる。

一方、「もって師となるべし」を含んだ元の言葉は、「古典に習熟し、新しいことも理解していけば、先生たりうる」という意味になる。

□画竜点睛《がりょうてんせい》――原典では「欠いた」ほうがよかった

物事を完璧にするための最後の仕上げを意味する。今は「画竜点睛を欠く」で「最後の最後に失敗する」という意味で使うが、原典では、最後の仕上げをしたために、大変なことが起きている。中国の南北朝時代、ある絵師が龍の壁画を依頼された。彼は、いまにも天に昇りそうな龍を描いたものの、瞳（睛）を描かなかった。瞳を描けば龍は壁画から飛び出し、天に去ってしまうからだという。

人々は彼に瞳を描くことをせがみ、彼はついに龍の瞳を描いた。すると龍は本当に空に飛び去り、壁画から龍の絵は消えてしまったという。なお、「点睛」の「睛」を「晴」と書き間違えないように。

□捲《けん》土《ど》重来《ちょうらい》——項羽をうたった詩が出典

一度敗れた者が、ふたたび勢力を盛り返してくること。唐代の詩人・杜《と》牧《ぼく》の詩「烏江帝に題す」の中の一節「捲土重来いまだ知るべからず」から。その詩は、漢の劉邦に敗れた楚の項羽をうたったもの。もし項羽が故郷の江東に帰って、再起を図ったなら、ふたたび猛烈な勢いで漢の劉邦と対決できたであろうにと、項羽の死を惜しんでいる。

□一網打尽《いちもうだじん》——最初に使ったのは〝検察長官〟

一網で魚を全部捕まえるように、一味をすべて捕らえること。中国・宋王朝時代の政争に起源がある。

皇帝・仁宗の宰相であった杜衍と、その一派は専横を極め、多くの人々の怨みを買っていた。今でいう検察長官の王拱辰《おうきょうしん》は、杜衍に対して憤慨し、追い落とす機会をうかがっていた。

杜衍が公金を使って宴会を開いたときをチャンスと見て、王拱辰は宴会の場に集まった者をすべて逮捕。「われ、一網打尽せり」と叫んだところから、この言葉が生まれた。

□換骨奪胎《かんこつだったい》——もとは悪い意味ではなかった！

いまは「他人の作品の焼き直し」という否定的な意味で使われるが、もとは違って、故人の作った詩文の発想や形式を借用しながら、独自の作風に仕上げることを指した。

その手法を提唱したのは、中国・宋代の黄山谷で、彼は新しい詩文を作るために「換骨法」と「奪胎法」を考案した。人の才能に限りがあることを前提とし、そのうえでいかにオリジナルな作品をつくり出すかを考えた方法論であり、焼き直しという意味はなかった。

□月下氷人《げっかひょうじん》――なぜ、結婚式の媒酌人を意味するか？

結婚式の媒酌人を意味する。「月下老人」と「氷人」という二つの言葉が合体した言葉で、「月下老人」は中国・唐の時代の老人。韋固という若者が、月夜にその老人に出会ったところ、老人は未来の妻を予言したという。

「氷人」は、中国・晋の時代に現れた占いの名人のこと。孤策という若者が彼に夢判断を尋ねたとき、その夢をみごとに解釈し、若者は結婚できた。結婚に関わった二人の名が混同され、いまの意味が生まれた。

□傍若無人《ぼうじゃくぶじん》――人目もはばからずに男が泣いた故事から

読み下せば「傍らに人無きが如し」。人のことなど気にかけずに勝手にふるまうさまをいう。中国の『史記』「刺客列伝」に、この言葉が登場する。

刺客の名は荊軻《けいか》。のちに始皇帝となる秦王の暗殺を引き受けた義侠の男だ。荊軻は燕の国を訪れたとき、筑《ちく》（弦楽器の一種）の名手・高漸離と意気投合し、酒を酌み交わした。高漸離が楽器をかき鳴らし、荊軻が歌い、二人は感極まると、手を取り合って泣きはじめた。その姿が「傍若無人」であったと『史記』は伝えている。

□以心伝心《いしんでんしん》——最初に黙って伝えようとした人は？

無言のうちに心が通じ合うこと。仏教の世界から生まれた言葉。釈迦は霊山に弟子らを集めたとき、蓮の花をつまんで一同に見せた。釈迦は言葉一つ発するわけでもなく、弟子らの多くは困惑した。

そんななか、迦葉《かしょう》という弟子のみ、釈迦の言わんとするところを解し、微笑んで見せた。このあと、釈迦は、仏教の奥義が迦葉に伝えられたと語った。師から弟子に語らずとも奥義が伝わった瞬間であり、禅宗では、この一瞬こそ禅の本質ととらえている。

□四面楚歌《しめんそか》――これも、中国史のスパースター、項羽と劉邦の故事から

周囲が敵対者ばかりであること。「捲土重来」と同様、漢の劉邦と楚の項羽による覇権争いから生まれた言葉。項羽の楚軍が敗れ、垓下《がいか》で漢の軍勢に取り囲まれたときのこと。漢の軍勢から、項羽の故郷である楚の歌が流れはじめた。

四面から楚の歌を聞いて、項羽は味方である楚の者らが漢軍方に回ったものと解釈、すでに味方を失ったと嘆いた。じつは漢の軍師・張良の策略だったが、項羽はその策にひっかかって絶望、やがて死を決意する。

□酒池肉林《しゅちにくりん》――殷王朝最後の王・紂王の大宴会の様子から

ぜいたくを極めた宴会のこと。日本では、この言葉を女性をはべらせての宴会に用いることがあるが、この「肉」は本来は、食べる肉のことだった。

古代中国・殷王朝最後の王・紂王は大宴会を楽しんだと伝えられる。宴会では、池に酒を満たし、樹木に肉を吊るして林に見立てた。そこから、この言葉が生まれた。

その大宴会、全裸の男女らが乱交を繰り返す淫らなものでもあった。そこから、女性の肉体を楽しむイメージが生まれ、女性を伴う淫猥な宴会の意味が強くなったのだろう。

□天衣無縫《てんいむほう》——もとは性格ではなく、詩文の出来ばえを誉めた言葉

今は、無邪気で、わざとらしさのない性格を意味するが、もとは詩文や書画の見事な出来栄えをたたえる言葉だった。

「天衣」とは天女の衣服のことで、中国で郭翰という男が、天女が舞い降りて来るのを見た。その衣服を見ると、まったく縫い目がない。郭翰が驚くと、天女は自分の衣に針や糸を使わないと答えた。そこから、天女の衣には縫い目がないという話が生まれ、見事な作品を讃える言葉になった。

□不倶戴天《ふぐたいてん》――もとは父の仇のこと

読み下せば「倶《とも》に天を戴《いただ》かず」。同じ空（天）の下では共存できないくらい、許せないことを意味する。もともとは、具体的に父の仇のことを指した。

儒教の経典の一つ『礼記』の中に、「父の仇は与《とも》に天を戴かず」とある。つづいて「兄弟の讐《あだ》は兵に返らず、交遊の讐は国を同じくせず」とある。父の仇も兄弟の仇も友の仇も、すべて殺さなければならないという意味だ。現代では、他の理由で生じた敵にもこの言葉を使う。

□羊頭狗肉《ようとうくにく》――原典では〝羊頭馬肉〟

見かけ倒しという意味。看板に羊の頭を掲げているのに、実際には狗《いぬ》の肉を売っているところから、見かけと本質が一致しないことを指す。

ただし、ルーツをたどると、肉の種類が微妙に異なる。後漢の光武帝の詔書に「羊の頭をかかげて馬膊（馬の乾肉）を売り」というくだりがある。また、春秋時代の名臣晏子の言行を記した『晏子春秋』には、「牛首をかけて馬肉を内に売る」とある。売られていたのは狗の肉ではなく、馬肉だったのだ。

□乾坤一擲《けんこんいってき》――「乾坤」とは大地という意味

運命をかけて大きな勝負をすること。「乾坤」は大地を意味し、「一擲」は打ち投げること。中国・唐代の詩人・韓愈の詩「鴻溝を過ぐ」に、「真に一擲乾坤を賭するを成せる」という一節があり、それが原典。

その詩は、漢の劉邦と楚の項羽の争覇戦を描いたもので、両雄は鴻溝の地を境に、いったん和議を結ぶ。その後、劉邦は意を決し、鴻溝の国境ラインを超えて項羽を攻める。詩は、そのときの劉邦の決意のほどを描いている。

第10章 きちんとおさえていないと、せっかくの日本語が台無しです

◎大人になると誰も指摘してくれない「間違い言葉」

×無尽蔵に使う↓◯際限《さいげん》なく使《つか》う　無尽蔵《むじんぞう》にある

「無尽蔵」は、いくら取ってもなくならないさま。「アイデアは無尽蔵にある」などと使う言葉であり、「無尽蔵に使う」では意味が成立していない。

×煮ても焼いても食べられない↓◯煮《に》ても焼《や》いても食《く》えない

「煮ても焼いても食えない」は、どうにも手におえないこと。「食えない」が下品だからといって、「食べられない」に変えることはできない。

×袋小路にはまる↓◯袋小路《ふくろこうじ》に入《はい》る、入《はい》り込《こ》む、迷《まよ》い込《こ》む

「袋小路」は、行き止まりになっている路地。あくまで「道」なので、「はまる」ものではなく、入り込んだり、迷ったりするもの。

×白羽の矢が当たる→〇白羽《しらは》の矢《や》が立《た》つ

「白羽の矢が立つ」は、多くの人から、とくに選びだされること。「白羽の矢」は、かつて神に人身御供《ひとみごくう》を差し出すとき、生贄《いけにえ》となる者の家に立ったとされる矢。家に矢が立ったので、「白羽の矢が立つ」が正解。

×目鼻がきく→〇目端《めはし》がきく

「目端がきく」は、その場に応じて目配りができ、機転がきくこと。一方、「目鼻」は「目鼻がつく（おおよそが決まる）」「目鼻をつける（おおよその見通しをつける）」とは使うが、「目鼻がきく」という言葉はない。

×苦汁を味わう→〇苦汁《くじゅう》をなめる

「苦汁」は苦い汁なので、「なめる」ことによって、苦い経験をする、いやな目に遭《あ》うという意味になる。一方、「味わう」を用いるのは「苦渋」。「苦渋を味わう」は、苦しみ悩むという意味。

×歯牙にかけない↓○歯牙《しが》にもかけない

「歯牙にもかけない」は、人をまったく相手にしないさま。助詞の「も」を省くと誤用になるし、慣用句としての迫力もダウンしてしまう。

×わが罪を吐露する↓○心情《しんじょう》を吐露《とろ》する

「吐露」は心中で思うところを隠さずに述べること。罪を告白することに使うのは、ミスマッチ。「心情を吐露する」「胸中を吐露する」がよくある使い方。

×批判を買う↓批判《ひはん》を受《う》ける

「買う」は、悪い結果を招くという意味でも使われ、「顰蹙《ひんしゅく》を買う」「恨みを買う」「怒りを買う」などは、「買う」と続ける。だが、「批判」は「買う」ものではなく、単に批判されたり、受けるもの。

×難問が山積み↓○難問《なんもん》が山積《さんせき》

山積みと山積は同じ意味の言葉ではあるが、「難問山積」「問題山積」という言葉もあるように、難問や問題は、山積みではなく、山積と続けるのが適切。

×顔をうかがう↓○顔色《かおいろ》をうかがう

「顔色」は、顔の表面の色。転じて、感情の動きが現れた表情を意味する。相手のご機嫌を探るには、「顔色をうかがう」ことが必要であり、ただ顔そのものを見ても意味がない。

×眉をしかめる↓○眉《まゆ》をひそめる

「眉」を用いて不快な表情を表す慣用句は「眉をひそめる」。「ひそめる」は、眉のあたりにしわを寄せること。一方、同じような意味で「しかめる」を使う慣用句は「顔をしかめる」。

◎ちゃんと覚えてから使いたい「間違い言葉」

×警鐘を発する→○警鐘《けいしょう》を鳴《な》らす

「警鐘」は、火災や洪水時などに、警告するために鳴らす鐘。そこから、災害に限らず、危険に対する警告にも用いる。もとは「鐘」なので、「鳴らす」が正しい。「発する」を用いるなら、「警告を発する」。

×痛い腹を探られる→○痛《いた》くもない腹《はら》を探《さぐ》られる

「痛くもない腹を探られる」は、やましいこともないのに、疑いをかけられること。腹痛でもないのに、悪いところがないかと、調べられることにたとえたもの。「痛い腹」なら、探られたほうがいいことになり、意味が成立しない。

×早かれ遅かれ→○遅《おそ》かれ早《はや》かれ

「いつか」「早晩」などの意味で用いるのは、「遅かれ早かれ」。言葉を入れ換えて「早かれ遅かれ」とは言わない。「いまでなくとも、いつか」という意味なので、先に「遅かれ」がくる。

×新規巻き返し→○新規《しんき》蒔《ま》き直《なお》し

もとに戻って、もう一度やり直すときに用いる言葉は「新規蒔き直し」。新しく種を蒔いて、やり直すという意味。「新規巻き返し」という言葉はない。

×死ぬに死ねない→○死《し》んでも死《し》にきれない

心配事などがあって現世に未練があることを、「とても死ぬことはできない」という意味で、「死んでも死にきれない」と言う。この形で慣用句となっているので、同じ意味のようでも「死ぬに死ねない」とは言わない。

◎正確に覚えておきたい「間違い言葉」

×二の舞を踏む↓○二《に》の舞《まい》を演《えん》じる

「二の舞を演じる」は、人の犯した失敗を繰り返すこと。「二の舞」は、もとは古楽で、先に演じられた安《あ》摩《ま》の舞を、そのあとで老爺《ろうや》と老婆《ろうば》が滑稽に演じる舞のこと。舞は「演じる」ものであり、「踏む」とはつづけない。「踏む」のは「二の足」。

×お膳立てをそろえる↓○お膳立《ぜんだ》てをする

「膳立て」は、膳の上に食器や料理を並べること。そこから、すぐにとりかかれるよう準備する、という意味が生じた。準備することなので「そろえる」ではおかしく、「お膳立てをする」「お膳立てを整える」が正しい。

×実もたわわ→〇枝《えだ》もたわわ

「たわわ」は、実の重さなどで木の枝などがたわみ、しなる様子。実自体が「たわわ」になることはない。「実」と「たわわ」を使うなら「たわわに実る」が正解。

×戦いの火蓋が切って落とされる→〇戦《たたか》いの火蓋《ひぶた》が切《き》られる

この「火蓋」は、火縄銃の火皿の火口《ほくち》を覆う蓋のこと。火縄銃を撃つときは、火蓋を開いて点火することから、「火蓋が切られる」で戦いや競争を開始するという意味になった。火蓋を切って落としたりしては銃を撃てなくなるので、意味が成立しない。

×時機を得る→〇時宜《じぎ》を得《え》る

「時宜を得る」は、遅くも早くもなく、ちょうどいいタイミングであること。一方、「時機」は何かを行うのに好都合の機会のことで、時間よりも「チャンス」という意味合いが強い。「時機を伺う」とは言うが、「時機を得る」は誤用。

×苦言を発する→○苦言《くげん》を呈《てい》する

「苦言」は、本人のためを思って、言いにくいことをあえて言う言葉。「呈する」は「差し出す」という意味で、相手を思って言葉を差し出すから、「苦言を呈する」となる。

×偶然に落ち合う→○偶然《ぐうぜん》に出会《であ》う

「落ち合う」は、事前に打ち合わせている場所で会うという意味なので、偶然会ったときに用いるには不適切。「偶然に出会う」が正しい。

×余勢を買う→○余勢《よせい》を駆《か》る

「余勢」は、何事かをなし遂げたあとに、まだ残っている勢いのこと。その勢いに乗るのが「余勢を駆る」。この「駆る」には「ますます強くする」という意味がある。むろん、「余勢」はお金で買えないので「余勢を買う」は誤用。

◎侮ってはいけない「間違い言葉」

×背を腹にかえられない↓○背《せ》に腹《はら》はかえられない

内臓の入った「腹」は、「背」と交換できないことから、「背に腹はかえられない」は、差し迫ったことのために、何かを犠牲にしても仕方ないという意味。「腹のほうが大事」と言いたいので、「背を腹に」とは言わない。

×後へも先へも引けぬ↓○後《あと》へも先《さき》へも行《い》かぬ

これは、後ろにも前にも行けず、動きがとれないことを表す慣用句。なお「引けぬ」を使う言葉に「やめられない」という意味の「後《あと》へ引けない」があるが、「先へ引けない」という言葉はない。

×見かけ倒れ↓○見《み》かけ倒《だお》し

「見かけ倒し」は、外見は立派でも、中身は劣ること。「計画倒れ」、「看板倒れ」という言葉はあるが「見かけ倒れ」という言葉はない。

×弓矢を引く↓○弓《ゆみ》を引《ひ》く

「弓を引く」は、反抗すること、楯突くこと。「弓」は矢を飛ばす道具であり、弓を引いて飛ばすのが「矢」。弓を引くことはできても、弓と矢の双方を引くことはできないので、「弓矢を引く」は間違い。

×腹が煮え返る↓○腸《はらわた》が煮《に》え返《かえ》る

形容しがたいほどの怒りを表す言葉は「腸《はらわた》が煮え返る」。この「腸」は内臓の総称で、転じて「魂」や「性根」を意味する。心の底からの怒りなので「腸」を用いる。

×溜飲を晴らす↓○溜飲《りゅういん》を下《さ》げる

「溜飲」は、胃の中にある酸性の胃液。溜飲が下がればすっきりすることから、不平や不満、鬱憤などを解消するという意味になる。「溜飲が下がる」という言い方もあるが、「晴らす」とは言わない。

×酸いも苦いもかみ分ける↓○酸《す》いも甘《あま》いもかみ分ける

「酸いも甘いもかみ分ける」は、人生経験を積み、人情や世事に通じていること。人生で起こる辛いことや幸せなことを「酸い」と「甘い」にたとえたもの。「酸い」と「苦い」では、辛いことばかりになり、意味が通じない。

×一抹の望み↓○一縷《いちる》の望《のぞ》み

「一縷」は一本の糸のことであり、転じて、「ごくわずか」という意味に。「一抹」は、絵筆などのひとはけの意味で、転じて、「ほんのわずか」という意味。似たような意味だが、こちらは明るいことには使われず、「一抹の不安」のように用いる。

×うだつが上げられない↓○うだつが上《あ》がらない

「うだつ」は、建物の梁《はり》の上に立てて、棟木《むなぎ》を受ける短い柱のこと。地位や生活などがよくならないこと、ぱっとしないことを「うだつが上がらない」とは言うが、「うだつが上げられない」という言い方はない。

◎意外と勘違いしている「間違い言葉」

×照準を当てる→○照準《しょうじゅん》を合《あ》わせる

「照準」は、射撃で弾丸が目標に当たるように狙いを定めること。狙いは「合わせる」ものであって、「当てる」ものではない。あるいは「照準を定める」という表現なら正しい。

×三日とあげず→○三日《みっか》にあげず

「三日にあげず」は、「間をおかず」、「しばしば」という意味で用いる慣用句。「あげず」が正しいと思われがちだが、「三日にあげず」が正解。漢字では「上げず」と書く。

×汚名を晴らす→○汚名《おめい》をそそぐ

不名誉な評判を消し去るという意味で用いるのは、汚名を「そそぐ」。そそぐは「雪ぐ」または「濯ぐ」と書き、水で汚れを洗い落とすという意味。「疑いを晴らす」とは言っても、「汚名を晴らす」とは言わない。

×口数が減らない→○口《くち》が減《へ》らない

「口が減らない」は、口が達者で、あれこれ理屈をつけて言い返し、勝手なことを言うさま。一方、「口数」はものを言う回数のことで、よくしゃべる人のことを「口数が多い」とは言うが、「減らない」とは続けない。

×暗雲を投げかける→○暗雲《あんうん》が漂《ただよ》う

「暗雲」は、いまにも雨が降りだしそうな気配の暗い雲。転じて、戦争など危機が起こりそうな気配に用いる。暗雲は雲の一種なので、「漂う」、「立ち込める」、「垂れ込める」とは言っても、「投げかける」は使えない。

×蘊蓄を注ぐ→○蘊蓄《うんちく》を傾《かたむ》ける

「蘊蓄」は、たくわえた学問や知識のこと。自分の知識や技能のすべてを出し尽くすことを「蘊蓄を傾ける」と言うが、「蘊蓄を注ぐ」という言葉はない。

×デッドロックに乗り上げる→○暗礁《あんしょう》に乗《の》り上《あ》げる

「デッドロック」は「dead lock」で、開かなくなった鍵のこと。交渉などの「行き詰まり」を意味する。ロックを「rock（岩）」と間違え、「乗り上げる」とするのは誤用。

×印籠を渡す→○引導《いんどう》を渡《わた》す

「引導を渡す」は、見込みがないことを伝え、あきらめさせること。「引導」は葬儀の際、死者が悟りを得るよう導師が唱える法語。一方、「印籠」は腰に下げる、印や薬などを入れた小箱のことで、音は似ているがまったくの別物。

◎聞けば自分の〝失敗〟に気づく「間違い言葉」①

×身命を投じて↓◯身命《しんめい》を賭《と》して

「身命」は、自分の命。「身命を賭して」で、命を投げ出す覚悟で努力するという意味になる。音は似ていても、「身命を投じて」という言葉はない。

×小癪にさわる↓◯癪《しゃく》にさわる

「癪」は、胸や腹が急に痙攣《けいれん》を起こし痛むこと。「癪にさわる」で腹が立つという意味になる。一方、「小癪」は、こざかしいこと、生意気なこと。「小癪なやつ」など。

×想像力をかり立てる↓◯想像力《そうぞうりょく》をかき立《た》てる

「かり立てる」のもとの意味は、獲物を捕らえるため追い立てること。一方、「かき立てる」は勢いよくまぜることで、転じて中にあるものをわきたたせるという意味。「想像力」には、後者がふさわしい。

×予防線を引く→○予防線《よぼうせん》を張《は》る

「予防線を張る」は、あとで非難されないように、あらかじめ手を打っておくこと。通常「線」は「引く」ものだが、この言葉はあらかじめ警戒網を張りめぐらせるというニュアンスなので、「張る」を用いる。

×愁眉をつくる→○愁眉《しゅうび》をひらく

「愁眉をひらく」は、心配ごとがなくなり、安心した顔つきになること。「愁眉」は、心配のためにひそめた眉のことで、転じて心配そうな顔を意味する。ひそめた眉が元どおりになるのだから、「ひらく」を用いる。

×紛うはずなし→○紛《まご》う方《かた》なき

「紛う」は他のものとよく似ていて、取り違えること。それに否定の「なき」がついて、「紛う方なき」で「間違えるはずない」、「確か」という意味になる。「紛う」は古語的な言葉なので、「はずなし」という現代語はそぐわない。

×老体に鞭打つ→○老骨《ろうこつ》に鞭《むち》打《う》つ

「老骨に鞭打つ」は、歳をとって衰えた体を励ましながら、仕事などに頑張ることを言う。自らへりくだるときに用いる言葉で、他人に対しては使えない。人を「老骨」呼ばわりするのは失礼にあたる。「老体」も老骨同様、年老いた体の意味だが、慣用句として用いるのは「老骨」のほう。

×口先三寸→○舌先三寸《したさきさんずん》

「舌先三寸」は口先だけで相手をうまくあしらうこと。「口先」にも、うわべだけの物言いという意味があるが、短いもののたとえの「三寸」をつけるのは「舌先」。

×日を夜に継いで→○夜《よ》を日《ひ》に継《つ》いで

「夜を日に継いで」は、昼夜を問わず、続けてある物事を行うこと。『孟子』の中に出てくる言葉で、夜も働くことで勤勉を表している。誤用のように、昼から働いたのでは、ふつうの働き方と変わらない。

◎聞けば自分の〝失敗〟に気づく「間違い言葉」②

×例外にもれず↓◯御多分《ごたぶん》にもれず

「御多分」は、多数の者の意見や行動。それにもれないということで、「世間と同じように、例外ではなく」という意味になる。「例外にもれず」では、例外にもれない、すなわち「例外と同じ」となり、意味が通じない。

×御託を述べる↓◯御託《ごたく》を並《なら》べる

「御託を並べる」は、身勝手な理屈をえらそうに、くどくどと言うこと。「しつこく言い立てる」という意味だから、「述べる」ではもの足りず、「並べる」を用いる。

なお、「御託」は御託宣の略で、本来は神様の御告げ、ありがたいお言葉のことだが、この言葉ではネガティブな意味に使われている。

×食指をそそる→○食指《しょくし》が動《うご》く

「食指が動く」は、食欲が起こる、転じてあるものに興味が動くという意味。鄭の子公が、自分の人さし指が動くのを見て、ごちそうにありつける前兆としたとする中国の故事に由来する。指は動くものであり、ある感情を起こさせる意味の「そそる」は用いない。「食欲をそそる」ならOK。

×骨身をやつす→○憂《う》き身《み》をやつす

「憂き身をやつす」は、身がやせるほどに、一つのことに熱中すること。「骨身」を使った似た意味の慣用句「骨身を削る」と混同しないように。

×可及的に行う→○可及的速《かきゅうてきすみ》やかに行《おこな》う

「可及的」は「及ぶかぎり」「できるだけ」という意味。「可及的に行う」では、「及ぶかぎり行う」、「できるだけ行う」となり、意味が成立しない。「可及的速（すみ）やかに」（できるかぎり速く）とするのが正しい。

×櫛の歯が抜けたよう→○櫛《くし》の歯《は》が欠《か》けたよう

「櫛の歯が欠けたよう」は、揃って並んでいるはずのものが、ところどころ欠けていて寂しいさま。あるべきものが「欠けた」状態を言い表したいので、「抜けたよう」ではなく「欠けたよう」を用いる。

×薄皮を剥ぐように→○薄紙《うすがみ》を剥《は》ぐように

「薄皮」は、薄い膜のような皮。女性の透き通るような色白の肌にも用いるので、「薄皮を剥ぐ」では拷問のようになってしまう。「薄紙を剥ぐように」は、病気など悪い状態が徐々に回復する様子を表す慣用句。

×上には上がいる→○上《うえ》には上《うえ》がある

「上には上がある」は、最高にすぐれていると思っていても、それよりも、さらにすぐれているものがあること。「いる」も「ある」も同じような意味だが、慣用句としては「上には上がある」が正しく、「いる」とするのは間違い。

×口車を合わせる↓○口裏《くちうら》を合《あ》わせる

「口裏を合わせる」は、あらかじめ相談して、話の内容が食い違わないようにすること。一方、「口車」は口先だけの巧みな言い回しのこと。「車」なので「口車に乗る」というように「乗る」ことはできても、「合わせる」ことはできない。

◎間違って覚えるとやっかいな「間違い言葉」①

×雉も飛ばずば撃たれまい↓○雉《きじ》も鳴《な》かずば撃《う》たれまい

よけいなことを言わなければ、災いを招かずにすむことのたとえ。「鳴く」と「言う」をかけたもの。雉《きじ》は鳴くから猟師に撃たれる。飛んだから撃たれたといっても、言葉が招く禍《わざわい》の比喩にはならない。

×武士は食わねど爪楊枝→○武士《ぶし》は食《く》わねど高楊枝《たかようじ》

「高楊枝」は、食後にゆうゆうと楊枝を使うことで、満腹を表す。武士は貧しくて食事ができなくても、満腹であるかのように見せて体面を保とうとするという意味。単に爪楊枝を使うだけでは、体面は保てない。

×そうは問屋が許さない→○そうは問屋《とんや》が卸《おろ》さない

「そうは問屋が卸さない」は、物事は自分が思うほどにはうまくは運ばないということ。問屋が安値では卸売りしてくれないことから。

×蟻の入り込む隙もない→○蟻《あり》の這《は》い出《で》る隙《すき》もない

少しの隙間もないほど、警戒が厳重なことのたとえ。「入り込む」も「這い出る」も、隙間がなければできないことではあるが、もとは囲んだ者を外に出さないときに用いた言葉なので、「這い出る」が正しい。

×障子に耳あり→○障子《しょうじ》に目《め》あり

「壁に耳あり障子に目あり」ということわざの一部を、「壁に耳ありと言いますからね」などと用いるのは問題ない。ただし、言葉の組み合わせには注意のほど。「障子に耳あり」や「壁に目あり」では意味を成さない。

×李下に冠を正す→○李下《りか》に冠《かんむり》を正《ただ》さず

人から疑いをかけられるような行為は避けたほうがいいことのたとえ。「李」はすもものことで、すもの木の下で冠を直すと、すももを盗もうとしていると疑われることから。直してはいけないのだから、「正さず」となる。

×策士、策に敗れる→○策士《さくし》、策《さく》に溺《おぼ》れる

「策士、策に溺れる」は、策略を立てるのを得意とする人が、策略に頼りすぎて失敗すること。「溺れる」には、泳げずに死にそうになることのほか、理性を失うほど夢中になるという意味もある。自らの策に溺れるのであって、敗れるのではない。

◎間違って覚えるとやっかいな「間違い言葉」②

×馬の耳に東風↓○馬《うま》の耳《みみ》に念仏《ねんぶつ》

「馬の耳に念仏」は、いくら意見しても効果がないことのたとえ。馬にありがたい念仏を聞かせても、意味がないことから、この意味が生じた。「東風」を使うなら「馬耳東風」。この語から生まれた「馬の耳に風」という言い方はＯＫ。

×遅かりし内蔵助↓○遅《おそ》かりし由良之助《ゆらのすけ》

「遅かりし由良之助」は、誰かを待ちかねたとき、シャレめかして使われる歌舞伎の『仮名手本忠臣蔵』に出てくるセリフ。忠臣蔵なので「大石内蔵助」と思いやすいが、歌舞伎では「大星由良之助」という名で登場する。

×海老を鯛で釣る↓○海老《えび》で鯛《たい》を釣《つ》る

「海老で鯛を釣る」は、少しの手間やコストで、大きな利益を得ることのたとえ。海老と鯛では、高級なのは鯛のほうなので、鯛をエサに海老を釣っても見合わない。海老をエサに鯛を釣るから、利益を得たことになる。

×一緒の鞘に収まる↓○元《もと》の鞘《さや》に収《おさ》まる

「元の鞘に収まる」は、いったん別々になった刀と鞘が元どおりに収まることを、人間関係にたとえた慣用句。関係を絶った者同士が、もとの関係に戻ることを言う。「一緒の鞘」では二本の刀が同じ鞘に収まることになり、間違い。

×生き馬の毛を抜く↓○生《い》き馬《うま》の目《め》を抜《ぬ》く

生きている馬の目を抜くほど、素早く、抜け目がないことから、素早く物事をするさま、油断のならないさまを表す。生き馬の「毛を抜く」では、すばしっこいという意味にはならない。

×罪を恨んで人を恨まず↓○罪《つみ》を憎《にく》んで人《ひと》を憎《にく》まず

○は、その人の犯した罪を憎んでも、その人までは憎んではいけないという意味。孔子の言葉と伝えられる。

×年年歳歳人同じからず↓○歳歳年年人同《さいさいねんねんひとおな》じからず

×のようにいう人が多いが、もとは「年年歳歳花相似たり、歳歳年年人同じからず」。意味は、毎年、花は変わることなく咲くが、人は毎年異なっているということで、人間のはかなさ、人の世の移り変わりの早さを表す言葉。

×一朝有事があった際↓○一朝有事《いっちょうゆうじ》の際《さい》

「有事」は、戦争や大事件が起きることであり、「有事が起きる」や「有事がある」は重複表現になる。「一朝有事の際」も、この形が定型の決まり文句であり、「一朝有事が起きた際」などは×。

第11章

「できる大人」が書けるようにしたい慣用句・四字熟語です

左ページには慣用句（399ページからは四字熟語）が並んでいますが、それぞれ間違っている箇所があります。パッと見て、どの漢字がどう間違えているかわかりますか？　正しく書き直すことができますか？

他章で取り上げた四字熟語も一部含まれています。

◎誰もが書き間違える慣用句

機転が効く	油が乗る	濡れ手に泡	優秀の美
上げ句の果て	とんぼ帰り	異才を放つ	瓢箪から独楽
最大漏らさず	無しのつぶて	無常の喜び	一同に会する

機転が利く	脂が乗る	濡れ手に粟	有終の美
挙げ句の果て	とんぼ返り	異彩を放つ	瓢箪から駒
細大漏らさず	梨のつぶて	無上の喜び	一堂に会する

◎誰もが書き間違える四字熟語①

社会保証	旧訳聖書	不和雷同	一身同体
暗唱番号	意気洋々	異句同音	意味慎重
個別訪問	意気統合	意志表示	加熱気味

社会保障	旧約聖書	付和雷同	一心同体
暗証番号	意気揚々	異口同音	意味深長
戸別訪問	意気投合	意思表示	過熱気味

◎誰もが書き間違える四字熟語②

過熱処理	絶対絶命	身元紹介	晴天白日
小数意見	冬期五輪	野性動物	自立神経
人事移動	博士過程	募集要綱	機械体操

青天白日	身元照会	絶体絶命	加熱処理
自律神経	野生動物	冬季五輪	少数意見
器械体操	募集要項	博士課程	人事異動

◎誰もが書き間違える四字熟語③

既製事実	終止一貫	路地栽培	権限移譲
平行感覚	適性価格	責任転化	一身不乱
決戦投票	独断先行	厚顔無知	気色満面

権限委譲	露地栽培	終始一貫	既成事実
一心不乱	責任転嫁	適正価格	平衡感覚
喜色満面	厚顔無恥	独断専行	決選投票

◎誰もが書き間違える四字熟語④

五里夢中	一騎当選	主脳会談	孤立無縁
短刀直入	政治不審	一年猶予	思想堅固
強硬突破	大同小違	原状維持	信条調査

孤立無援	首脳会談	一騎当千	五里霧中
志操堅固	一年有余	政治不信	単刀直入
身上調査	現状維持	大同小異	強行突破

◎誰もが書き間違える四字熟語⑤

以心電心	不要不朽	公平無視	生存競走
軽重浮薄	特級電車	意気昇天	古事成句
一連托生	交換神経	挙動不信	旧態以前

以心伝心	不要不急	公平無私	生存競争
軽佻浮薄	特急電車	意気衝天	故事成句
一蓮托生	交感神経	挙動不審	旧態依然

〔参考文献〕

「語源ものしり辞典」樋口清之監修(大和出版)/「言葉に関する問答集総集編」文化庁(大蔵省印刷局)/「日本語はおもしろい」柴田武(岩波新書)/「ことばの博物誌」金田一春彦(文藝春秋)/「日本語の知識百科」和田利政監修(主婦と生活社)/「なるほど語源辞典」山口佳紀編(講談社ことばの新書)/「語源をつきとめる」堀井令以知、「漢字の知恵」遠藤哲夫(以上、講談社現代新書)/「語源の楽しみ一~五」「語源散策」岩淵悦太郎(河出文庫)/「新聞に見る日本語の大疑問」毎日新聞校閲部編(東京書籍)/「井上ひさしの日本語相談」井上ひさし/「大岡信の日本語相談」大岡信/「大野晋の日本語相談」大野晋/「丸谷才一の日本語相談」丸谷才一(以上、朝日文庫)/「広辞苑」(岩波書店)/「広辞林」(三省堂)/「日本語大辞典」(講談社)/「成語林」(旺文社)/「故事俗信ことわざ大辞典」(小学館)/ほか

※本書は、『この一冊で「ことわざ」「慣用句」「四字熟語」が面白いほど身につく!』(小社刊/2010年)、『そのひと言で試される! できる大人の日本語大全』(同/2014年)、『これだけは知っておきたい大人の漢字力大全』(同/2013年)に、新たな原稿を加え、改題の上、再編集したものです。

青春文庫

1秒《びょう》で刺《さ》さることわざ・慣用句《かんようく》・四字熟語《よじじゅくご》

2019年11月20日　第1刷

編　　者　話題《わだい》の達人倶楽部《たつじんくらぶ》

発行者　小 澤 源 太 郎

責任編集　株式会社プライム涌光

発行所　株式会社青 春 出 版 社

〒162-0056　東京都新宿区若松町 12-1
電話 03-3203-2850（編集部）
03-3207-1916（営業部）
振替番号　00190-7-98602

印刷／中央精版印刷
製本／フォーネット社

ISBN 978-4-413-09735-2

日本人が知らない歴史の顚末！
「滅亡」の内幕
歴史の謎研究会［編］

隆盛を極めたあの一族、あの帝国、あの文明はなぜ滅びたのか――〝その後〟をめぐるドラマの真相を追う！

(SE-716)

アドラー心理学で
子どもの「がまんできる心」を引きだす本
星　一郎

「なんでも欲しがる子」「キレやすい子」の心に届く言葉がある！　アドラー心理学を取り入れた上手な子育て法

(SE-717)

つい「気にしすぎる自分」から抜け出す本
ちょっとした心のクセで損しないために
原　裕輝

いい人すぎるのも優しすぎるのも、あなたが悪いわけじゃない。ストレスなく心おだやかに生きるための心のヒントをあなたへ――。

(SE-718)

相手の「こころ」はここまで見抜ける！
1秒で盗む心理術
おもしろ心理学会［編］

面白いほど簡単！　ヤバいほどの効果！「おうむ返し法」「空ボメ法」「沈黙法」…他人には教えられない禁断の裏ワザを大公開！

(SE-719)

1日3分!
スクワットだけで美しくやせる

筋トレ&脂肪燃焼、W効果の全身ダイエット! 人気トレーナーが考案の効く筋トレ厳選7種を手軽に実践できます

山口絵里加

(SE-720)

「ついつい先送りしてしまう」がなくなる本
その原因は心の弱さではなかった

人を待たせる、期限が守れない、何でも後回し… タイプ別診断で、あなたの脳のクセに合った対処法を教えます!

吉田たかよし

(SE-721)

脳と体が若くなる断食力

疲れがとれる! 不調が消える! 集中力、記憶力がアップする! 1食「食べない習慣」から人生が変わりだす

山田豊文

(SE-722)

王子様はどこへ消えた?
恋愛迷宮と婚活ブームの末路

「結婚したい」と言いながら、今日も女子会。そこにはどんな本音が潜んでいるのか。複雑な女心をひも解く、当事者目線の社会学

北条かや

(SE-723)

ほんとうのあなたに出逢う ◆ 青春文庫

1秒でつかむ 儲けのツボ

岩波貴士

発想、戦略、しくみづくりから
売り出し方まで、一瞬でビジネスの視点が
変わる「アイデア」を余すところなく紹介！

(SE-724)

ハーバード&ソルボンヌ大の
最先端研究でわかった新常識

人は毛細血管から若返る

根来秀行

いくつになっても毛細血管は
自分で増やせる！　今日からできる
「毛細血管トレーニング」を大公開

(SE-725)

なぜ一流ほど 歴史を学ぶのか

童門冬二

歴史を「いま」に生かす極意を
歴史小説の第一人者が教える。
出口治明氏との対談「歴史と私」も収録！

(SE-726)

できる大人の教養

1秒で身につく四字熟語

四字熟語研究会［編］

あやふやな知識が「使える語彙」へと
進化する！　仕事で、雑談で、スピーチで、
つい使いたくなる210ワード

(SE-727)

ほんとうのあなたに出逢う◆青春文庫

結局、「シンプルに考える人」がすべてうまくいく

質とスピードが一気に変わる最強の秘密

藤由達藏

仕事、人間関係、こだわり、不安…あれもこれもと追われる人生からオサラバする方法

(SE-732)

マンガ 企画室 真子のマーケティング入門

佐藤義典 汐田まくら［マンガ］

マーケティングの本質は、マンガを楽しみながら30分で理解できる! 店を託された新人女性社員の奮闘記。

(SE-733)

最強の武器になる「敬語」便利帳［一発変換］

仕事、電話、メール、おつきあい…もう怖くない

知的生活研究所

部長に「課長はいらっしゃいません」、来客中の「ちょっといいですか?」…日常語から敬語への一発変換方式で、使える619の実例

(SE-734)

1秒で刺さる ことわざ・慣用句・四字熟語

話題の達人倶楽部［編］

会話力と文章力が見違えるほどアップする、できる大人の日本語教室。教養がにじみ出る1500項。

(SE-735)